U0085362

世紀人物 100

定海英豪

戚繼光

張博鈞　著

三民書局

獻給孩子們的禮物

世界上最幸福的孩子，是他們一出生就有機會接近故事書，想想看，那些書中的人物，不論古今中外都來到了眼前，與他們相識，不僅分享了各個人物生活中的點滴，孩子們的想像力也隨著書中的故事情節飛翔。

不論世界如何演變，科技如何發達，孩子一世幸福的起源，仍然來自於父母的影響，如果每一個孩子都能從小在父母親的懷抱中，傾聽故事，共享閱讀之樂，長大後養成了閱讀習慣，這將是一生中享用不盡的財富。

三民書局的劉振強董事長，想必也是一位深信讀書是人生最大財富的人，在讀書人口往下滑落的多元化時代，他仍然堅信讀書的重要，近年來，更不計成本，連續出版了特別為孩子們策劃的兒童文學叢書，從「文學家」、「藝術家」、「音樂家」、「影響世界的人」系列到「童話小天地」、「第一次」系列，至今已出版了近百本，這僅是由筆者主編出版的部分叢書而已，若包括其他兒童詩集及套書，三民書局已出版不下千百種的兒童讀物。

劉董事長也時常感念著，在他困苦貧窮的青少年時期，是書使他堅強向上，在社會普遍困苦，而生活簡陋的年代，也是書成了他最好的良伴，他希望在他的有生之年，分享這份資產，讓下一代可以充分使用，讓親子共讀的親情，源遠流長。

「世紀人物 100」系列早就在他的關切中構思著，希望能出版孩子們喜歡而且一生難忘的好書。近年來筆者放下一切寫作，接下這份主編重任，並結合海內外有心兒童文學的作者共同為下一代效力，正是感動於劉董事長致力文化大業的真誠之心，更欣喜許多志同道合的朋友，能與我一起為孩子們寫書。

「世紀人物 100」系列規劃出版一百位人物故事，中外各占五十人，包括了在歷史上有關文學、藝術、人文、政治與科學等各行各業有貢獻的人物故事，邀請國內外兒童文學領域專業的學者、作家同心協力編寫，費時多年，分梯次出版。在越來越多元化的世界中，每個人都有各自的才華與潛力，每個朝代也都有其可歌可泣的故事，但是在故事背後所具有的一個共同點，就是每個傳主在困苦中不屈不撓，令人難忘的經歷，這些經歷經由各作者用心博覽有關資料，再三推敲求證，再以文學之筆，寫出了有趣而感人的故事。

西諺有云:「世界因有各式各樣不同的人群，才更加多采多姿。」這套書就是以「人」的故事為主旨，不刻意美化傳主，以每一位傳主的生活經歷為主軸，深入描寫他們成長的環境、家庭教育與童年生活，深入探索是什麼因素造成了他們與眾不同？是什麼力量驅動了他們鍥而不捨的毅力？以日常生活中的小故事，來描繪出這些人物，為什麼能使夢想成真。為了引起小讀者的興趣，特別著重在各傳主的童年生活描述，希望能引起共鳴。尤其在閱讀這些作品時，能於心領神會中得到靈感。

和一般從外文翻譯出來的偉人傳記所不同的是，此套書的特色是，由熟悉兒童文學又關心教育的作者用心收集資料，用有趣的故事，融入知識，並以文學之筆，深入淺出寫出適合小朋友與大朋友閱讀的人物傳記。在探討每位人物的內在心理因素之餘，也希望讀者從閱讀中，能激勵出個人內在的潛力和夢想。我相信每個孩子在年少時都會發呆做夢，在他們發呆和做夢的同時，書是他們最私密的好友，在閱讀中，沒有批判和譏諷，卻可隨書中的主人翁，海闊天空一起遨遊，或狂想或計畫，而成為心靈知交，不僅留下年少時，從閱讀中得到的神交良伴（一個回憶），如果能兩代共讀，讀後一起討論，綿綿相傳，留下共同回憶，何嘗不是一幅幸福的親子圖？

2006 年，我們升格成為祖字輩，有一位朋友提了滿滿兩袋的童書相送，一袋給新科父母，一袋給我們。老友是美國國家科學院院士，曾擔任過全美閱讀評估諮議委員，也是一位慈愛的好爺爺，深信閱讀對人生的重要。他很感性的說：「不要以為娃娃聽不懂故事，我的孫兒們一出生就聽我們唸故事書，長大後不僅愛讀書而且想像力豐富，尤其是文字表達能力特別強。」我完全同意，並欣然接受那兩袋最珍貴的禮物。

因為我們同樣都是愛讀書、也深得讀書之樂的人。

謹以此套「世紀人物 100」叢書送給所有愛讀書的孩子和家庭，以及我們的孫兒——石開文，他們都是世界上最幸福的孩子，因為從小有書為伴，與愛同行。

從張騫到戚繼光，從漢朝到明朝，從匈奴到倭寇，這中間相隔將近千年左右的時光。同樣是面對外族，同樣是為了抵抗侵略，同樣有著不朽的功勳，但卻是以不同的方式，在面對著世界，也在我們眼前開展出不同的視野。一千年的時光，其實是很漫長的，但是在回溯的眼光中，「千年」是一眨眼就可以跨越的時空，就好像你到了故宮，一下便可以從五千年前走到今天，所以從張騫到戚繼光的「千年」，對我來說，只花了兩年就走到了。

兩年的時間，說短不短，說長不長，但也足夠改變很多事了。我學生證上面印的學籍改變了，我的生活方式改變了，我周遭的人事物也改變了許多，世事就是如此，看似時時都永恆不變，但其實一切都在改變。如果你之前看過張騫，現在剛好也在看戚繼光，時間已經在你身邊悄悄的變化了，不知道你有沒有感覺？閱讀歷史的你、我，也許都應該多點宏觀的視野。

回到戚繼光吧！畢竟這本書裡，他才是重點。接下戚繼光傳記撰寫工作的時候，我就已經決定要用武俠小說的方式呈現。抗倭名將，感覺上多麼具有俠義色彩啊！不寫成武俠小說，難道要寫成言情小說嗎？所以整個構思的產生非常順理成章。另一個原因，當然是因為作者我非常愛看武俠小說，對於武林盟主金庸大師的幾部著作，早就看到幾乎是倒背如流的程度。在這種情況下，偶爾也會幻想自己可以有金庸那種妙筆，能夠寫出精采紛呈的故事來，所以手癢之下，這本人物傳記，就有點類武俠小說的況味了。

不過，構思是這樣在構思，真正要下筆的時候，還是困難重重。首先，這是一本普遍級的書，理所當然不能太血腥，但是戚繼光的生平，幾乎有三分之二的時間都在打仗中度過，一場接著一場的戰役，殺來殺去，基本上就是屬於限制級或輔導級的情節，怎麼讓書變得普遍級一點，實在是煞費苦心。其次，既然要寫成武俠小說，當然要有令人讚嘆，兼眼花撩亂的神妙武功，如果沒有輕功跟點穴之類的東西，那這本武俠小說還有什麼看頭？如果只是拳打腳踢，那這位大俠的武功好像稍嫌遜色了點。可是，我寫的畢竟是人物傳記，當然要符合史實，那戚繼光懂不懂輕功、會不會點穴呢？呃！正史並沒有記載耶，如果寫成他會，搞不好讀者信以為真，所以當然不能這樣寫。其三，武俠小說雖然有很多種寫法，很多種架構，但總是有一些特定的元素存在，不是一些人打打殺殺就叫武俠小說。所以如果純粹記實，寫出來的絕不會是武俠小說。因為這三個原因，所以我就以戚繼光的生平事蹟為線索，虛構了一個故事，有點像是戲中戲的架構，把戚繼光的事蹟嵌合在劇情的發展裡。恰好又找到一本據說是戚繼光流傳下來的《龍行劍譜》，剛好符合武俠小說裡「祕笈」這一個元素，所以一切水到渠成，便將「戚繼光」作這樣的呈現囉！

必須特別說明的是，這本書裡提到的《龍行劍譜》確有其書，劍譜的出版社也註明是戚繼光所傳，但因為在戚繼光關於戰事、武技的著作裡沒有提到它，所以作者我也無法確定真偽，為了不引起讀者們的誤會，所以附帶一提。另外，這本書裡面關於戚繼光的事蹟大都是可以見諸史錄的，至於戚繼光以外的情節，像是風染翠、莫歧生的情節，就是作者虛構的了。

最後還有一點，書裡面的章名，從第 3 章以後，都是從戚繼光的詩裡摘錄出來的喔，作者在書裡說他文武雙全，絕對沒有誇張或是溢美的成分在喔。嗯，大概就是這樣了吧？至於其他關於寫作過程的種種祕辛，我們就不要再多提了！希望你們喜歡這一套書囉！

寫書的人

張博鈞

目前就讀師大國文研究所博士班，喜歡看小說，尤其喜歡將各種知識融進故事情節，豐富人物特色的作品，比如曹雪芹的《紅樓夢》，比如金庸的武俠小說，比如朱少麟的《傷心咖啡店之歌》、《燕子》之類的作品。星座是射手座，卻沒有一點冒險犯難的精神，倒是有射手座莽撞的天真。喜歡冬天的寒冷，討厭夏天的悶熱；喜歡喝茶的悠閒，也喜歡喝咖啡的從容；喜歡讀詩，也喜歡讀詞……，還有其他喜歡的，一時想不起來。

定海英豪

戚繼光

目次

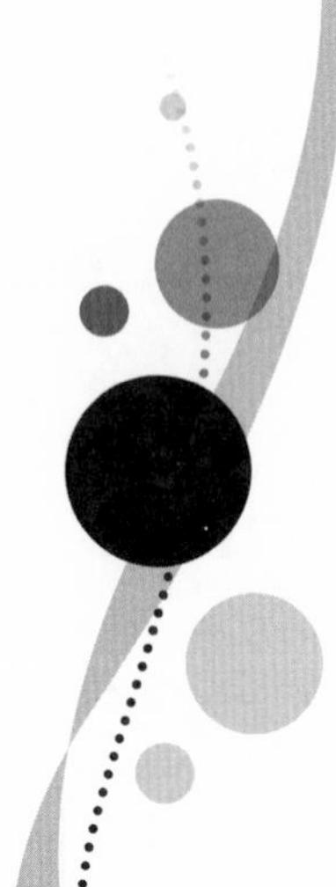

世紀人物100

戚繼光

1528～1588

1 劍勢夭矯稱龍行

林籟結響，一陣清風吹過，揚起絲絲涼意，使得在竹林中漫步的風染翠，下意識的搓搓手臂禦寒。夏末時分，平地或許仍籠罩著一片熾人的熱浪，但在這深山之中，秋意總比平地早來幾分，她一襲碧衣輕紗的裝扮，雖說姿態飄逸，卻阻擋不了山中早秋的輕寒。風染翠縮縮肩膀，黃昏的寒意讓她再也無心聆賞秋韻，加快腳步向竹林深處的小屋走去，只希望屋中人已經為她準備好一杯熱騰騰的香茗。

快步走到竹屋前，風染翠沒有立刻進屋，反而停下腳步，皺眉細看院中雜亂的足印，心中警鈴大作。這足印沾地太深，不會是輕功卓絕的師兄所留下，肯定有旁人來過這裡，而且為數不

少！善者不來，來者不善！風染翠抽出腰間竹棒橫在身前，小心翼翼的走向竹屋。她輕輕的推開門扉，竹棒倏地往前點出，同時分打左右兩翼，以防有人埋伏。

沒有埋伏，屋內靜謐無聲，卻是一片狼藉。風染翠拋下手中的竹棒，踉蹌的衝進屋裡，神色惶急的在已然一團混亂的屋子裡翻箱倒櫃。終於，她在翻倒的桌案下，奮力拉出一塊烏沉沉、毫不起眼的黑色木牌，木牌上寫著：「先父風玉衡之靈位」。

風染翠雙手捧著父親的牌位，渾身不停的顫抖，眼淚氣憤得奪眶而出。在悲痛不已的情緒下，她的大腦開始迅速的運轉，尋思到底是什麼人，居然敢在父親屍骨未寒的此刻，闖進父親隱居數十載的一方天地？還這樣毫無忌憚的大肆搜索，其中目的究竟何在？她將父親的牌位恭敬的供奉在桌上，一雙明眸細細的在屋內檢視。屋裡所有的東西，幾乎都被翻出來丟在地上，就連椅墊、床被也都被割裂搜找過，甚至竹椅、竹桌都被劈開查看。來人對要找的物品想是有著志在必得的決心，否則毋須如此大費周章，而從父親的武林誌書稿散落一地的情況看來，來人的目的顯然也不在文稿。

風玉衡雖然隱居山林，但他所撰寫的武林誌在江湖中名望極高，由於他仗義執言，議論公正，因此贏得了「鐵筆直書，武林董狐*」的稱號。「鐵筆直書」說的不僅僅是風玉衡的史筆，更是稱揚他的畢生絕學——透骨書穴筆。打從風玉衡第一本武林誌問世以來，不甘醜事被宣揚開來的武林雜碎屢屢上門尋釁，但都在他三十六路透骨書穴筆之下鎩羽而歸。風染翠想：父親雖然樹敵不少，但敵人的目標均在武林誌，如今來人要的卻不是文稿，難道家中還有什麼更吸引他們的東西？

風染翠看著滿地散亂的文稿，有幾張孤零零的散落在房中一角，她拾起文稿，細看上頭蒼勁豪邁的字跡，秀氣的眉峰微微斂起：

武林盛傳太湖地區藏有神祕

放大鏡

＊你知道董狐是誰嗎？董狐是中國春秋時代晉國的史官，當時晉國國君晉靈公暴虐無道，大臣趙盾屢次勸告他，晉靈公非但不肯改過，反而派人暗殺趙盾，趙盾迫於無奈，只好逃奔到國外。但當他逃到邊境時，他的族人趙穿已經帶兵將晉靈公殺死，趙盾見危機已經解除，於是又回朝中做官，也沒有治趙穿弒君之罪。董狐將此事記載下來，並以「趙盾弒其君」之語宣示天下，趙盾知道之後，跑去找董狐解釋，說明自己並未弒君，董狐卻說：「你身為相國，在國君被殺時離開都城，國君死後你回國繼續擔任相國，卻沒有懲治凶手，弒君之罪你不背負，該由誰來背負呢？」趙盾無話可說，便問：「內容能不能改變呢？」董狐表示：「董狐寧可斷頭，也絕不改變事實。」於是後人就稱公正無私，不因個人利害關係更動事實的記載為「董狐之筆」。這樣你知道為什麼武林人士要稱讚寫武林誌的風玉衡為「武林董狐」了嗎？

劍譜一部，名曰「龍行」，據聞其中所載劍術神妙無比，習之幾可無敵於天下，眾多武林人士趨之若鶩。近世江湖風波翻湧，皆因此譜而起，江南三大武林世家先後捲入其中，若干人為爭此譜，大動干戈。《龍行劍譜》傳聞甚囂塵上，尚未知其虛實，已有多人因此受害。

乙亥年間，《龍行劍譜》現蹤於浙江台州，不久，山東、福建、廣東亦有劍譜現世之說，武林人士不辨真假，南北奔波，門派相互鬥毆之事時有所聞。

這幾張散落的文稿，都提到《龍行劍譜》，莫非這就是他們想找的東西？找劍譜找到她家裡來了，如此放肆，真是不把她父親「鐵筆直書，武林董狐」的名號放在眼裡！更何況她家中本來就沒什麼劍譜，這些人找不到是理所當然，既然找不到，那就表示……人應該還在附近伺機而動。

風染翠沒有因此奔到屋外去查看，她要以靜制動，反正沉不住氣的人絕對不會是她，大可不必跑進跑出的累壞自己。她繼續在屋內整理著父親的遺稿，這些遺稿是她幫著父親編次的，其中內容她熟悉至極，檢閱之後，卻發現缺了幾張，而缺的那幾張文稿上頭，正巧都記載著《龍行劍譜》傳聞的始末。難不成那些人以為靠著上頭的線索按圖索驥，就能找到《龍行劍譜》嗎？神祕劍譜真這麼好找，大家早就都武功蓋世了。更何況，她曾經聽父親說過，《龍行劍譜》雖然確實存在於世上，但傳說之言將其中的劍術過度神化，距離真實的劍法太遠，可惜這些真相，習於道聽塗說的武林人士是不會去注意的。

那真相是什麼呢？記得父親有說過，可是那時候師兄在外面紮了好大一個紙鳶，吸引了她全部的目光，害她沒聽清楚，只依稀記得，似乎跟名將戚繼光有極為密切的關聯……，可是，到底是什麼關聯呢？

風染翠正在努力搜尋腦海中的記憶，但屋外的人顯然等得不耐煩了，腳步聲傳來，風染翠拾起竹棒，凝神等待敵人的出現。

「裡面的人給我聽著！我們已經把妳團團圍住，勸妳還是乖乖把《龍行劍譜》交出來，要不然——」話聲未完，一塊木板「啪」的一聲打在發話人的嘴上，把未盡的話語，打成叫痛的悶哼。

風染翠手持竹棒，站在竹屋

前廊，冷冷掃視這群把她家裡翻得亂七八糟的烏合之眾，這群人居然也想跟人家找武林祕笈？就算真到手了，大概也沒那個命把神功練成，就會先死在其他武林人手裡。不過，還真是叫人不得不佩服他們的愚勇，居然敢到武林鐵筆家中生事，雖然父親已然逝世，不過這件事情武林中人可還不知曉啊！

「把這女人抓起來，打到她說出劍譜的下落為止！」被打腫嘴的人惱羞成怒的大叫，第一個跳起來衝向風染翠。

只見風染翠身形飄忽，竹棒晃動，搶進人群之中，以竹棒作筆，棒迴掠地，施展父親所傳的三十六路透骨書穴筆法，招招疾點人身要穴，只一眨眼功夫，一群人均被點倒在地。

「風姑娘好俊的棒法！」隨著聲音響起，一名黃衣男子飛掠而至，對著風染翠便是一陣疾攻。

黃衣男子劍招端嚴狠辣，風染翠迴棒招架，著著搶攻，攻守之間，那男子朗聲說道：「只要妳乖乖將劍譜交出，我便不會傷妳性命。」

「沒有劍譜！即便是有，也絕不落在小人手中！」風染翠左手掏出短棒，與右手所持的長竹棒並用，一長一短，交相互補，頓時攻得黃衣男子手足無措。

「不愧是武林董狐的女兒，性格耿直，武功也不差。」黃衣男子初時被風染翠長短雙棒攻了個出其不意，折了數招之後，他突發暗器，風染翠右手竹棒揮擊暗器，左手竹棒迴旋脫手，直取黃衣男子胸前要穴，男子身體向後一縮，左掌劈向竹棒，右手已將長劍遞到風染翠頸邊。

風染翠揮落暗器，此時迴棒已然不及自解危機，她不假思

索，棒端直取男子膻中穴*，攻敵之不得不救，這已是兩敗俱傷的打法。

「好膽識！」男子口中稱讚，右手招數未變，左掌卻已抓住風染翠脫手短棒，直接撥向風染翠右手竹棒。

風染翠此時變招已然不及，她身子向後一仰，卻避不開劍勢。在這千鈞一髮之際，一粒石子夾著破空之聲飛來，「鏘」一聲，彈開黃衣男子手中長劍，同時風染翠纖腰一緊，人已被抱離黃衣男子劍招所及範圍。

黃衣男子一劍撲空，心下不無訝異，以他出招之迅疾，來人居然能彈開他手中長劍，還從他劍下救了人去，此人功力之深

放大鏡

*膻中穴　中國醫學中的穴位名稱，位於腹中線與兩乳連線之交會點。醫學中有所謂「氣會膻中」之語，表示這個穴道十分重要。在武俠小說裡，點到這個穴道，是會致命的！

厚，可想而知。他迴劍護在身前，正待出招，卻見來人已將一部書冊遞到他眼前，他不敢置信的抬眼看向來人。

來人正是風玉衡嫡傳弟子——莫歧生。就見他左手臂彎挾著一疊書冊，同時伸長了右手，把書拿在黃衣男子面前晃著，說道：「喏，你要的《龍行劍譜》！」完全是滿不在乎的口氣。

「你以為你隨便拿一本書，然後說它是《龍行劍譜》，我就會相信嗎？」黃衣男子的語氣中有著隱然的怒氣。這個人居然拿他當呆子耍，很好，他死定了！

「但它真的是啊！」莫歧生聳聳肩，無奈的說：「你們這些人真的很奇怪，每個人都要來搶劍譜，卻又不相信這是真劍譜。而且這些劍譜江南書肆都有在賣，你們居然巴巴的跑來這深山裡面搶，真是莫名其妙！」

「像《龍行劍譜》這樣的劍術祕笈，會在書肆裡面販售？」黃衣男子的話聲已經是咬著牙吐出。

莫歧生點點頭，一本正經的解釋：「不過它其實也不能算是什麼祕笈，因為江南各省都買得到，裡面的劍法雖然精妙，但也不是多神奇，更不是什麼不傳之祕，至少江南沿海的武人都曾演習，你們搶成這樣，才真是叫人匪夷所思！」

黃衣男子怒極，持劍的右手已經開始劇烈的抖動。他看著眼前俊眉星目的莫歧生，思考著劍招要從哪裡戳進去比較致命。但他還來不及動手，莫歧生的聲音又在他耳邊響起。

「你搶這劍譜搶得這麼起勁，但是你一定不知道劍譜的來歷吧？」黃衣男子心裡暗暗點頭，臉上卻不動聲色，只聽莫歧生接著說道：「其實這《龍行劍譜》是嘉靖*年間，名將戚繼光所傳，原先的名字叫戚門龍行劍，跟戚門迴龍劍是姐妹劍，因為劍鋒舞動，有如龍行之勢，所以取名為龍行劍，這些你一定不知道吧？」

黃衣男子聽得入神，不知不覺的點點頭，他從來沒想過龍行劍的來歷。不過，整個武林搶這劍譜搶破頭，三天兩頭就有人因為劍譜喪命，再沒好奇心的人也會想一窺其中堂奧，更何況是他們這些習劍之人。

「我看你也是劍術名家，搶

放大鏡

＊「嘉靖」是明代皇帝明世宗所使用的年號。自從漢武帝首創使用年號紀年以來，中國歷代皇帝都有使用年號的習慣，但一個皇帝不一定只有一個年號，比如漢武帝第一個用的年號是「建元」，之後還有「元狩」、「元鼎」，而中國唯一的女皇帝武則天，年號也經常改動。但元、明以後，皇帝的年號比較少變動，往往一個皇帝就用一個年號，像明世宗是「嘉靖」，明神宗是「萬曆」，所以我們也常常用年號來稱呼皇帝，像明神宗就是萬曆帝，明思宗是崇禎帝。而在清朝皇帝中，我們耳熟能詳的「康熙」、「雍正」、「乾隆」就統統都是年號，既不是帝號，也不是名字喔。

奪劍譜只是為了增進自己的實力吧？不過，這《龍行劍譜》雖是戚將軍所傳的劍法精要，但比起武林中千變萬化、奇招迭出、神龍見首不見尾的高妙劍術來說，龍行劍其實只是強身健體的基礎劍法而已。」莫歧生說完，臉上露出微笑。

黃衣男子原本對莫歧生之言已經頗為信服，但見他這一笑，卻不由得怒從心起。原來莫歧生天生一副面容剛毅、童叟無欺的相貌，挺直的鼻梁更給人一種絕無虛言的印象，可是偏偏他只要一笑，所有剛毅、正直的氣質就會在一瞬間全都消失，他那帶有稚氣的笑容還會給人狡童般的錯覺。因此，黃衣男子一見莫歧生嘴角含笑，當下便有受騙的感覺，氣不打一處來，右手提劍便往莫歧生胸口刺去。

「好端端的，怎麼就翻臉出

手呢？」莫歧生身形一轉，以絕頂輕功避開黃衣男子突兀而迅捷的劍招，轉頭卻見風染翠在一旁偷笑。風染翠與莫歧生從小一起長大，對他一笑便顯痞態的表情知之甚詳，當然了解黃衣男子為何突然動怒。

只見莫歧生身法靈動，黃衣男子連變數招，劍鋒卻連他一片衣角也帶不到。風染翠見黃衣男子劍法嚴謹卻不失靈活，狠厲卻又無比飄逸，儼然是名家弟子風範，而眉眼間一股凜然正氣，氣質看上去實在不像是個猥瑣小人，為什麼這樣的人會聯合一群無賴來強搶劍譜呢？

風染翠深知莫歧生武功了得，黃衣男子絕非其對手，在一旁觀戰的同時也陷入了沉思。方才聽莫歧生提起，她才想起龍行劍的來歷。傳下《龍行劍譜》的戚繼光，字元敬，明世宗嘉靖七年(1528年)生，山東人。戚家是將門世家，戚繼光的先祖戚祥在元末曾參加明太祖組織的義軍，隨太祖南征北討。當太祖平定天下時，他升任應天衛百戶*，但在洪武十四年遠征雲南時戰死，太祖感念戚祥跟隨他多年，於是授予他的兒子戚斌「明威將軍」的封號，任登州衛指揮僉事*，這一個職位，從此由戚家世襲。

戚繼光是戚祥的七世孫，為嘉靖年間的抗倭*名將，她記得父親曾說過，元代末年以來，倭寇一再侵擾中國沿海，鄰近的高麗也深受其害。這些倭人從元代開始，就大批來到中國沿海和中國進行貿易，但只要貿易進行不如其意，他們就露出海盜的面目，施展暴力伎倆，燒殺劫掠，無所不為，沿海居民深受其害。

明代建國之初，倭寇作亂的情況不僅沒有緩和，反而有越發

嚴重的趨勢。記得父親曾對她分析過倭患加劇的原因，一方面是

放大鏡

＊明代軍隊的編制，是採用「衛所制」，衛、所都設置在軍事要害之地，設置的原則是在一州之地設「所」，幾州相交之地設「衛」。「衛」的層級比較高，下設前、後、中、左、右五個千戶所，一個千戶所有1120個人，分編成十個百戶所，一個百戶所有112個人，百戶所下面再分為兩個總旗，總旗下再分五個小旗，這是明代前期大概的軍隊編制情況。應天衛百戶，就是設置在南直隸地區的應天府，也就是現在的南京，而戚祥就是在應天衛裡，領導一個百戶所。

＊你知道「登州衛指揮僉事」是什麼樣的官階嗎？在明朝的軍制中，兵部是最高的軍政機構，負責在戰爭時調遣軍隊，任命將領，而五軍都督府則是全國最高的軍事領導機關，負責管理全天下的都司衛所，這兩者是屬於中央的軍政機構。兵部有調兵權，可是卻沒有統兵權，都督府有統兵權，卻沒有調兵權，雙方相互牽制，最高軍權最後歸於皇帝。明代地方軍事領導機關是「都指揮使司」，是五軍都督府的下級機構，首長是都指揮使，副職是都指揮同知，和都指揮僉事。前面提到「衛所制」的「衛」，則是都指揮使司的下級機構，「衛」的長官是指揮使，副職是衛指揮同知，和衛指揮僉事。說到這邊你看出來了嗎？「登州衛指揮僉事」就是登州衛的副長官喔！順便告訴你，登州就是在今天的山東省。

＊「倭」是古代中國對日本的稱呼，這個稱呼在戰國時代就已經開始使用了。日本跟中國之間的頻繁往來，大概是從漢武帝之後才開始，隨著兩國的往來，中國文化大量傳入日本，一直到唐代以前，中國的歷史書籍都稱日本為「倭國」。唐朝以後的歷史書籍，才漸漸改稱倭國為「日本」，但是一般人提到日本人的時候，都還是會稱他們為倭人，而當他們成為海盜，寇擾中國沿海的時候，當然就稱呼他們為「倭寇」了！

因為在元末的群雄爭霸中，明太祖雖然取得勝利，但被他所擊敗的張士誠、方國珍餘黨，有些逃竄入海，與倭寇勾結，反而加強了倭寇的實力。另一方面，則是因為明代初立，沿海尚未設防，因此無法有效阻擋倭寇的侵犯。

父親似乎一直十分關心海防的設立，他曾說過中國歷代雖然都有在沿海設防，但在明代以前，都沒有形成一個嚴密的海防體系，明代也要到戚繼光將軍著意抗禦倭寇之後，海防的設置才形成一個有效的聯絡體系。也正因為戚繼光抗倭的不世功績，讓他在沿海一帶極受敬重，莫怪師兄會說《龍行劍譜》在江南流傳廣泛了。這樣說起來，《龍行劍譜》原本應是廣為人知的一套劍法，是什麼原因讓其中所記載的劍術，突然在這幾年間繪聲繪影的神妙起來呢？

風染翠想得太過入神，沒注意到莫歧生與黃衣男子之間的攻守之勢已經互換，原本一直猛攻的黃衣男子，此刻正抱頭鼠竄，莫歧生左手拿著從黃衣男子手上搶來的長劍，右手拿著竹棒，一邊追打黃衣男子，一邊喃喃念著：「懷疑我！你敢懷疑我！因為我笑就懷疑我，我最恨人家懷疑我，尤其是在我笑了之後！我如果不打到你信，我就不姓莫！」

「我不會信的！如果《龍行劍譜》真如你所說，那為什麼整個武林都著了魔似的，非得到它不可？」

「問得好！我這就把你打到靈魂出竅，好讓你到地府一遊，順便把這個問題問個清楚明白。」

整個武林！這四個字突然跳進風染翠的思緒裡，讓她豁然貫通。是的，一定是如此！這整件事必然蘊藏著一個極大的祕密！

莫歧生正要一棒往黃衣男子頭上擊下，風染翠猛然叫道：「師兄，且慢動手！」

「咦？」莫歧生疑惑的看向風染翠，竹棒險險的停在黃衣男子頭頂毫釐之處。

風染翠緩緩走向前，決定先開口問明心中的疑惑：「這位公子，我看你也是名門正派的弟子，何以帶領這群武林無賴，前來擾亂家父隱居之所？」

「武林無賴？沒有啊！我是自己一個人來的，那群人我根本不認識，我來的時候，他們就已經全部被妳點倒啦！何況，就算要帶人，也不會帶這麼糟糕的一群人吧？根本幫不上忙嘛！」

風染翠十分同意的點點頭，接著說道：「從閣下的武功家數看來，想是雁蕩山雲門劍派的弟子吧？雲門劍派行事一向光明正大，為武林同道所稱譽，你前來搶奪《龍行劍譜》，豈不是敗壞了師門清譽？」

黃衣男子臉色有些窘迫，畢竟強搶劍譜本就不是什麼光明之舉，偏偏自己又技不如人，被看穿了門派，這下他的臉要往哪擱？他面色羞赧，聲如蚊蚋的說：「風姑娘不愧是家學淵源，一眼便看穿在下來歷。實不相瞞，在下此番前來，其實是奉了家師之命，要來問問劍譜之事！」

一個名字閃過腦海，風染翠脫口問道：「尊師可是劍若電閃李臨峰？」黃衣男子窘迫的點點頭。

「劍若電閃不是師父的多年知交嗎？他怎麼會叫徒兒來搶劍譜？」莫歧生懶懶的開口，順便伸個大大的懶腰。

「是我師父叫我來問問的啊！我想外面搶《龍行劍譜》搶破頭，師父大概是不好意思直說，才說『問問』，所以我就想硬搶。我也不知道師父是什麼時候突然對這個劍譜產生興趣。」黃衣男子搔搔後腦勺，老實的說。

風染翠聞言微微一笑，道：「我想尊師的意思應該真的只是要『問問』，想搞清楚劍譜事件的始末，他對劍譜是絕對沒有興趣的，以劍若電閃劍術之高，豈會將《龍行劍譜》放在眼裡？」

「哈哈哈！有女如此，老友死而無憾啊！」蒼老而渾厚的笑聲傳來，一名灰袍老者轉眼間來到三人眼前。

「師父！」黃衣男子驚喜之餘，不免心中忐忑，偷偷瞄著師父的臉色，生怕師父見怪。

李臨峰笑笑的說：「我那老友可真是了得，生了這樣聰明伶俐的女兒，調教出這樣出色的徒兒，我這不成材的弟子，根本不是對手啊！」說著橫了徒弟一眼，沉聲道：「魏麒，還不上前賠禮！」

魏麒聞命，上前對莫歧生、風染翠再三作揖。只聽李臨峰說道：「我這徒兒心眼直，造成如此誤會，真是讓人好生過意不去。原本老朽是要親自前來的，不巧有要事纏身，才讓麒兒先行過來問問。路上越想越擔心，就怕造成誤會，才趕著過來，誰知道，唉！」說著又橫了魏麒一眼。

莫歧生見魏麒渾身不自在，便道：「所幸彼此都沒有受傷，前輩就不要對魏兄過責了，打他五十大板也就足夠，這部分就讓晚輩代勞吧！」莫歧生邊說邊摩拳擦掌，已經蓄勢待發。

「呵呵，五十大板哪裡夠呢？跟了我這些年，居然連師父交代的話都聽不清楚，至少要打一百大板！」

魏麒這下真是無地自容，一張臉漲成紫紅色，眼睛瞄向風染翠，希望她不要跟著落井下石才好。風染翠忍住笑，原本也想跟著師兄一起整人，但眼下她有更重要的事情要問，整人的事還是之後再說吧！

「前輩，責罰之事稍後再談不遲，姪女有一事不明，還想請前輩賜教。」

「妳想問的應該是《龍行劍譜》之事吧？這事妳爹最清楚不過，畢竟他追查此事已有一段時日，可惜他突然過世。說起來也是天數使然。」李臨峰暗暗嘆了一口氣，繼續道：「這事哪，還得從我們年輕的時候說起，那時候我和妳爹都還是戚家軍的部屬。」

「曾經是戚家軍舊部？」風染翠三人驚呼出聲。

「是啊，那是嘉靖四十年的事了！」

一陣風過，竹林中，往事翻飛……

2 話當年

「剿平沿海倭患，可以說是戚繼光將軍一生最大的功績，但你們可不要以為他的軍事才能僅止於此。咱們大明朝有兩大外患，一是東方沿海的倭寇，另外一個就是北方的蒙古。當年太祖的軍隊雖說成功的推翻了元朝的統治，建國之後，也曾經多次遠征漠北，打擊蒙古的殘餘勢力，可是卻一直無法一舉消除來自蒙古的威脅。

「老是出兵打仗也不是辦法啊！太過勞民傷財了嘛！所以國家對蒙古的作戰策略就從主動出擊，轉為消極防守。朝廷在北方建立了許多據點，像遼東鎮*、薊鎮、大同鎮、山西鎮等，專用來防備北方的蒙古勢力。

「戚將軍對於北方邊防的防

禦，由於受到其父戚景通的教導，也是相當有心得的。他在嘉靖二十五年世襲登州衛指揮僉事一職，上任之後，相當盡忠職守。當時，咱們大明的衛所制弊病叢生，導致軍人大量逃亡。在這種劣勢下，戚將軍除了將軍屯＊事務處理得井井有條之外，同時還刻苦習武。在嘉靖二十八年考中武舉的鄉試，隔年上京參

放大鏡

＊我們現在常用的「鎮」字，通常是用來指地方政府的行政區域，在縣、市之下，跟鄉平行。可是在中國古代，「鎮」往往表示軍事重地，比如說唐代有所謂的「藩鎮」，就是表示一個軍事要地。宋代以後，由於經濟發達，「鎮」漸漸也用以指稱經濟繁榮的地方，所以「鎮」除了表示具備軍事機能的區域之外，也可以表示具備經濟機能的地區。這邊列出的幾個據點，都是強調它們的軍事機能，所以稱之為「鎮」，不只是簡單的行政區域而已喔。

＊所謂的「軍屯」，其實是和明代兵制「衛所制」結合在一起的。衛所編制裡的士兵，在平常不打仗的時候，必須有一部分執行防守巡邏的任務，另一部分就要去屯田耕種。大抵上來說，邊疆平時是三分守城，七分耕種；內地則是兩分守城，八分耕種。所以衛所制基本上是一種耕戰結合的軍隊編制。立意本來十分良好，可是明代中期以後，有些軍官倚仗權勢，占領軍屯的土地，要士兵為他們耕種，奴役、剝削士兵，於是造成大量軍人的逃亡。

加武舉會試*的時候，恰好碰上蒙古韃靼部落進犯京師，戚將軍就是在這場京師保衛戰中嶄露頭角的哪！」李臨峰回想起往事，神色、語氣間絲毫不掩對戚繼光的佩服與崇敬。

魏麒以戴罪之身，在三人的支使下，沏來一壺碧螺春。由於竹屋內仍是一團凌亂，四人便將桌椅擺放在竹林中，在秋風竹韻中談古論今。風染翠由魏麒手中接過茶，恭敬的奉在李臨峰面前，但陷入回憶的李臨峰並未接

放大鏡

＊明代科舉照規定三年舉行一次，應考的考生要先在各省參加各省的考試，稱之為「鄉試」，鄉試中第的考生取得舉人的資格，隔年就要進京城，參加集合考試，叫做「會試」，會試中第的舉人，再參加皇帝親自在大殿中主持的考試，稱之為「廷試」或「殿試」。這邊戚繼光要去參加的，正是武舉的第二級考試。附帶一提，我們常常聽到人家說「連中三元」，那其實是指接連在鄉試、會試與殿試中考取第一名。三元，指解元、會元、狀元，分別為科舉制度下鄉試、會試、殿試的第一名。「連中三元」是非常困難的，在整個明代只有浙江淳安縣人商輅在鄉試、會試、殿試連中三元而及第，成為明代科舉史上唯一一人。

過，只是繼續述說往事。

「當時啊，韃靼部落大舉進犯大同鎮，大軍壓境，邊防岌岌可危。可是大同鎮的守將，身兼宣府、大同兩鎮總兵之職的仇鸞，是個無能之輩，他之所以能夠謀得總兵之職，全是因為賄賂了朝中權奸嚴嵩父子。這樣一個庸才，面對如此大禍，自然沒有排解的能耐。為了避禍，你們知道這個貪生怕死之徒做了什麼嗎？」李臨峰輕啜一口茶，興味盎然的望著莫歧生等人。談起這些陳年舊事，他的胸口居然仍會隱隱燃起怒火，可見他的修為遠不及自己認為的好啊。

三個人彼此互看一眼，風染翠說出她唯一能想到的答案：「想是棄守邊關，暗自私逃了吧？」

李臨峰搖搖頭，笑道：「妳雖然聰明伶俐，看來卻也沒有當貪官汙吏的本事。棄關私逃可是死罪，這個仇總兵不僅不想死，他還想長長久久的把官做下去啊！既然無能禦守邊關，又不想落個私逃的死罪，於是他便重金賄賂韃靼部落的首領俺達，挑唆蒙古大軍改攻北京。蒙古騎兵就這樣攻到京城近郊，大肆燒殺擄掠，整個北京城大為震動。面對這樣的慘禍，專權的嚴嵩父子居然不准各部出城迎敵，任憑蒙古大軍蹂躪京師城郊地區。還說什麼蒙古騎兵意在搶奪財物，一旦搶夠了，他們自然會退去，所以還是堅守壁壘為上策。」

「這是什麼鬼話？根本是拿百姓的身家性命當兒戲！」莫岐生在桌子上重重一拍，俊朗的面孔已經因為怒氣而漲紅。

「奸相*嚴嵩還真是害人不淺！嘉靖帝竟如此昏庸，任他在朝中興風作浪、魚肉黎民！」魏麒也是滿臉怒氣。

「嘉靖帝十分迷信道教和方術，嚴嵩對他又能曲意逢迎，自然得以在朝中專權一時。」風染翠淡淡的說著。她自小在父親的教導下研讀史書，歷史中關於政治與權勢的運作，往往一再上演同樣的循環，而人們卻總是不能從中得到教訓，或許這才是最悲哀的一點吧？

「是啊！嚴嵩既然一手遮天，各部軍隊只能嚴守，不得出戰，朝廷同時動員當時在京中赴試武舉的舉子，分配到京師各門防禦蒙古騎兵，戚將軍當時被任命為總旗牌官。他在防禦戰鬥的同時，還把自己對防禦蒙古的想

放大鏡

＊提醒一下！明代其實是沒有宰相的喔，自從明太祖朱元璋廢除宰相職位以後，整個明代的行政權總攬在皇帝手中。那為什麼魏麒稱嚴嵩為奸相呢？因為當時嚴嵩是內閣首輔，算是文官之首，地位上相當於以前的宰相，所以一般人還是習慣以宰相稱呼內閣首輔。但實際上，兩者是不同的喔，內閣首輔並沒有行政權，可是宰相是有的，所以相形之下，內閣首輔的權力不及宰相。

法寫成〈禦虜方略〉十餘條，上報給朝廷。這份奏章引起朝廷的高度重視，並且刊印發給各營將士，在當時被認為是如持左券*的退敵方法。戚將軍也因為這庚戌事變而聲震朝野，被兵部記錄為『將才』。

「這次事變之後，朝廷對邊防重鎮的防守進行調整，並且調派戚將軍率領山東六郡的三千民兵前往薊鎮駐守，從嘉靖二十九年開始，一連駐守了三年的時間。戚將軍一心報國，他在北疆巡防的時候，曾寫下一首題為〈馬上作〉的詩，詩中說道：『南北馳驅報主情，江花邊月笑平生，一年三百六十日，多是橫戈

放大鏡

*什麼叫如持左券呢？券指的是古代的契約。用竹子做成，分為左右兩片，左片稱為左券，右片稱為右券，定約後由立約人各持一片。左券常是債權人索債的憑證，所以拿著左券就表示十分有把握的意思，跟我們常說的「穩操勝券」，意思是接近的。了解成語的背景之後，成語是不是很有意思呢？

馬上行。』這實在是道盡了他滿腔的赤膽忠心啊！」李臨峰對戚將軍的衷心欽佩，令竹林中其餘三人不禁動容。

「想不到戚將軍竟是個文武雙全的儒將啊！」魏麒讚嘆的說。

「你以為每個人都像你一樣不學無術嗎？」莫歧生的聲音冷冷的插了進來，當魏麒一臉不服的看向他時，他神色憊懶的指指茶杯：「倒茶！別忘了你還是個戴罪之身！」

風染翠看魏麒一臉無奈的倒著茶，笑道：「戚將軍可不是一個只會行軍打仗的莽夫，我聽爹爹說過，在戚將軍年幼之時，他的父親就督促他熟讀經史，十五歲時就因為博通經史，而聞名鄉里。由於戚景通本身也是個好學之人，戚將軍受到他父親的影響，一生都好學不倦，儘管過著戎馬生涯的日子，他還是手不釋

卷，勤學不已呢！」

「說的一點都沒錯！」李臨峰輕撫他一叢美髯，笑著對風染翠說：「看來，妳爹是後繼有人了。這些事妳應該也聽得不少吧？」

風染翠搖搖頭，輕道：「爹爹以前是常說戚將軍的舊事，但是近年來說得少了，而且他從沒提過他是戚家軍舊部的事。」

「或許他是怕《龍行劍譜》之事為妳招來禍患吧？」李臨峰猜測道。

風染翠點頭不語，怕一張口就是思念亡父的哽咽之聲。

父親在世時雖然教她讀書習武，卻不讓她介入武林之事，也不讓她接觸武林誌的編寫。父親之所以收師兄為徒，原本想讓他繼承史筆，為的就是不要她介入江湖的詭譎風波。誰知師兄雖然聰明無比，偏偏是個不拘小節又飛揚跳脫之人，一點也不適合承繼武林誌的書寫工作，如果由他執筆，只怕會把整個武林搞得更加雞犬不寧，連帶毀了父親「武林董狐」的名號。

而風染翠雖是一介女流，但聰明智慧絲毫不下於她的父親，貞靜沖和更在乃父之上，直追她早逝的母親，這一點實在令風玉衡欣慰之至。她知道父親一直希望她像母親，因此對她著意教養，每每看她性格、氣質越來越與亡母相似，父親便相當欣慰。不知不覺間，她攬下了為父親整理史稿、編列綱目的工作。比起師兄的粗枝大葉，常常弄得父親手忙腳亂，她的細膩，總是讓父親事半功倍。這些工作對她而言，實在是嫻熟至極且遊刃有餘。父親猝逝，非得有人繼承父親的遺志才行。至少必須完成未完的武林誌，把有關《龍行劍譜》的事件始末，及其中蘊藏的可能陰謀昭告天下才行！

思及此，她抬起頭來，神色篤定的看向李臨峰，話聲清脆的道：「前輩，請您繼續往下說吧！戚將軍是從什麼時候開始防禦沿海的倭患呢？」

李臨峰看出風染翠臉上一閃而過的哀慟，從她清澈的雙眼中，他彷彿看見老友風玉衡的堅持。他滿心安慰，微笑道：「戚將軍當時奉命駐守薊鎮，前後總共駐守三年。在十多年後，戚將軍才又被調回薊鎮抗禦蒙古，那三年的駐守經驗，讓他對蒙古騎兵有深入的認識，對十多年後他在塞北的經營，有相當大的幫助。」

「那中間這十多年，他都在沿海抵禦倭寇的入侵啊？」魏麒舉手發問。

「是的。」李臨峰點點頭，繼續說道：「因為在之前蒙古入侵的庚戌事變之後，朝廷對邊疆防禦做了一番整頓，使得邊疆的威脅逐漸減輕。比起倭患頻仍的東南沿海來說，北疆相對平靜，加上戚將軍在駐守薊鎮的三年當中，表現出優良的軍事才能，所以在嘉靖三十二年六月，他被調到山東，總督山東備倭的一切事宜。揭開他沿海抗倭的序幕。」

3 但願海波平

「要說戚將軍剿平倭寇的功績，首先還是要讓你們知道一下倭寇作亂的始末。」回想起倭患的慘烈，李臨峰微微嘆了口氣，接著道：「這十幾年來，因為戚將軍禦倭有成，東南海疆的生活比較安定，所以你們很難想像當年沿海因為倭寇入侵，民生凋敝、民不聊生的淒慘景象。那種情況真的是慘不忍睹，其中又以嘉靖年間最為嚴重。」

「師父，倭人入寇在咱們大明朝是一直都有的情況嗎？」魏麒再度發問。

聽到魏麒開口，莫歧生本想說些什麼，跟魏麒抬抬槓，但眼角瞥見風染翠神色專注，他轉念一想，便將話嚥了回去，只是踢踢魏麒的椅子，聊表心意，順便表示一下他還沒有原諒他之前亂搶劍譜的行為。

「一直都有！只是在太祖平定天下之後，因為當時軍伍精強，軍容壯盛，慢慢的加強了沿海的防守，有效的遏制了倭寇的入侵。當時咱們大明朝國力鼎盛，還幾度揚帆出海，宣揚國威*，國朝勢力不容小覷，小小倭寇，自然不敢在太歲頭上動土。就算有倭寇為患，也都是相當零星，頂多一年出現個一兩次，怎麼也無法和嘉靖年間倭寇的囂張行徑相比。」

「咱們大明朝從正統皇帝以

放大鏡

＊「宣揚國威」就是指明朝歷史上著名的「鄭和下西洋」。鄭和是雲南人，他曾經在二十八年（1405～1433 年）間，連續下西洋七次，不論在航線、路程、規模各方面來說，都寫下當時中國以及世界航海史上的重要紀錄。鄭和第一次下西洋，是在明成祖永樂三年（1405 年），最後一次是在明宣宗宣德五年（1430 年）。至於鄭和為什麼要七次下西洋？原因歷來眾說紛紜，最常被提及的說法是為了尋找明惠帝的下落，但不論原因是什麼，總之這七下西洋的行動，的確使海外各國見識到大明朝強盛的國力。

後，政治情況就日漸敗壞，原本在洪武、永樂、宣德年間建立起來的沿海防禦系統，越來越鬆懈，慢慢的就形同虛設。倭人逮著這個空隙，他們還不大舉入侵嗎？而且咱們的官兵一向安逸慣了，加上軍政敗壞，衛所官兵私逃相當嚴重，整個大明朝，不管是步兵、水軍，根本沒有戰鬥力可言，又如何能夠遏止倭寇的一再入侵？」說到這裡，李臨峰不免為大明的國政大嘆一口氣。

「但是我覺得有一件事相當奇怪，怎麼倭寇這樣猖獗，日本朝廷居然都不聞不問嗎？」莫岐生長久以來聽師父講述倭寇為患之事，百思不得其解的便是這一個問題。

「這件事我和你師父也曾經討論過，但一直推敲不出一個結論。後來我向幾個經常出海貿易的朋友打探，畢竟他們常常出海，見多識廣，知道很多咱們僻處內地之人不知道的事。打聽到的結果，顯示出這一切或許和倭國國內政局不穩有關係。」

風染翠驚訝的瞪大雙眼，道：「政局不穩？」這原因父親說不定也未曾知曉。

李臨峰點點頭：「是啊！就我所知，那個時候的倭國不像咱們大明這樣天下一統，而是處在分裂的狀況下，大概就像咱們歷史上的戰國時代*吧？各個地方的封建領主各自為政，每個領主都有自己的軍隊和勢力，擁兵自重，彼此相互攻伐，攻城掠地，

放大鏡

*你知道中國歷史上的戰國時代是指什麼時候嗎？沒錯，就是東周後期。東周分為前後兩期，前期為春秋時代，後期為戰國時代。春秋時代雖然各個諸侯國林立，但基本上都尊周天子為天下共主，兼併的情形也不那麼明顯，到了戰國時代，周天子的共主地位已經岌岌可危，變成韓、趙、魏、齊、楚、燕、秦七國在逐鹿天下，戰爭頻仍，最後秦始皇滅六國，統一天下，建立起大一統的秦王朝。

希望能加強自己的勢力。中央政府根本無力控管，不過是徒具虛名而已。

「各個割據勢力這樣長期混戰，便產生許多失去領主供養的武士跟浪人，這些武士跟浪人後來便集合起來，變成海盜、山賊，靠劫掠維生。而那些相互混戰的領主們，老是打仗也是要花很多錢哪，所以他們就乾脆跟不法商人勾結，打著貿易的名號，支持、慫恿商人跟這些海盜們出外行搶，到中國跟朝鮮沿海地區進行武裝走私以及燒殺擄掠的活動，以便能夠從中謀取暴利，支持他們繼續去跟其他領主對戰。」

「所以倭人入寇頻繁，背後是有倭國國內的勢力在主導，不單純是財物的劫奪那麼簡單囉？我原本還以為倭寇只是民間的海盜，沒想到後頭居然有政治勢力的支持。」風染翠若有所思的說

著。

「這些倭人也太誇張了，軍費短缺就出來用搶的，有沒有一點羞恥心啊？真是令人髮指。」莫歧生覺得自己越聽越生氣。

魏麒再次被使喚去泡茶，忙亂中還來不及對這件事發表意見，李臨峰便已經接著往下說：「搶劫錢財，自然是他們入寇的最大目的，這等行徑當然令人齒冷，但要不是咱們朝政敗壞，也不至於給人有可乘之機。」李臨峰搖頭嘆息，鑑古思今，當今朝政之亂，比之嘉靖一朝，只怕有過之而無不及啊。

「你們聽聞他們入寇的原因，便已這般怒火中燒，如果你們知道這些倭人手段有何等凶殘，怕不立時火冒三丈、怒髮衝冠吧！」

「什麼？還有比到別人地盤搶錢回家更過分的事？這種行為

之惡劣，幾乎等同攔路搶劫，然後去賭場大賭特賭，還輸到血本無歸的無賴行徑了呀！」魏麒終於得空對這件事情發表意見。

「這是什麼爛比喻？我看你還是繼續泡你的茶吧！別搭話了！」莫歧生沒好氣的說。

「他們何止是無賴？簡直是殘忍到令人咋舌的地步。他們為了搶奪財物，燒殺擄掠也就不提了。除此之外，他們還大舉屠殺沿海居民、姦淫婦女，甚至挖掘先人墓冢，將其中陪葬物品劫掠一空。還聽說有的倭寇，會將稚嫩的嬰兒抓來，用繩子綁縛在竹竿上，然後以滾燙的沸水澆淋，看著嬰兒啼哭嚎叫，以此笑鬧取樂。」

「什麼！」莫歧生聞言大怒，他猛地站起，雙拳緊握，一只上好的汝窯青瓷杯已在他怒氣之下化為粉塵。

風染翠跟魏麒同樣一臉氣憤。風染翠話聲顫抖，不敢置信的問：「他們為什麼要這麼做？難道就只為了好玩？」

「長時間過著殺戮的生活，或許會令人變得麻木不仁吧？那種情況，連我們這些曾投身軍旅殺敵的人都難以想像。怎麼會有人如此殘暴？沸水淋嬰，竟還能在旁比手畫腳，談笑取樂？甚至！在抓來的俘虜中如果有孕婦，他們會將孕婦集中起來，然後輪流猜測孕婦腹中所懷胎兒是男是女，之後剖開孕婦肚腹查看，藉此打賭輸贏！」

這下連風染翠和魏麒都氣憤得站了起來，三人的胸口都因怒氣攻心而起伏不定，竹桌的一角已經在魏麒的手勁下碎裂。

風染翠的眼眶盈滿忿恨的淚水，她失聲驚呼：「這些……這些人究竟還有沒有人性？怎麼能做出這樣喪盡天良的事來？」

「我聽不下去了！我得出去發洩一下，不然這滿腔的怒火會把我炸開的！」莫歧生話聲剛落，人已飛掠至丈許之外。

「我去和莫師兄練劍！」魏麒氣得一句話也不想多說，縱身一躍，已和莫歧生鬥在一起。

李臨峰沉靜的望著滿臉淚痕的風染翠，道：「很難相信人性可以泯滅到這種程度？可是這些事卻是真實發生過的。人類自以為文明，可是野蠻殘忍的手段，卻可以如此泯滅良知。」

「我簡直無法相信他們身上跟我們一樣流著鮮紅的血液！」風染翠頹然的坐倒在椅子上，喃喃低語。

「就是因為倭患過於慘烈，戚將軍肅清沿海倭患，解民於倒懸之苦，才會受到沿海人民如此深的尊崇和愛戴。」李臨峰輕輕的說著。

風染翠點點頭，深吸了幾口氣。倭寇的暴行太過令人震撼，她一時之間還無法平復過來，向來清明的思緒，此刻也是一團混亂。李臨峰也不急著往下說，想他年輕之時聽聞倭寇暴行之際，氣得跳腳的程度，比這三個孩子可好不到哪裡去。因此在戚將軍前來募兵時，便義無反顧的加入戚家軍的行列。

李臨峰從來沒有在一天之內，回想那麼多舊事，他輕啜碧螺春，眼光注視著一丈之外正在比劍的兩人，像是看到過去的自己與好友風玉衡。歲月飄忽，昨日的青春容顏，今日已是雞皮鶴髮，原本尚能把酒言歡，如今卻已陰陽兩隔，真是叫人不勝唏噓。

正感嘆間，忽聽得風染翠問道：「前輩，您方才提及戚將軍後

來被調任山東防備倭寇，山東難不成是倭患最嚴重的地方嗎？」

「說起來，倭患最嚴重的地方是在浙江，其次是山東和遼東。這三個地方的倭患之所以格外嚴重，主要和咱們中國與倭國之間交流的航線有關。」

「和航線有關？此話怎講呢？前輩。」風染翠不解其意。

「妳想，倭人要入侵咱們大明，必然要航船渡過大海。海上航運凶險難測，他們必然會挑最熟悉的航線走，山東、遼東一向是咱們中國和倭國來往的門戶。宋代以前，倭國使節與商人，一般都是從日本九州的博多出發，經台岐、對馬等地，然後橫渡渤海灣口，在山東的登州一帶登陸，這登州正是戚將軍在山東防備倭寇的重要據點。」

「原來如此，那浙江呢？浙江倭患嚴重，也跟航線有關嗎？」

風染翠急切的問。

李臨峰點點頭，道：「是的，這條航線，大概是在元代建立起來的。在元代，浙江等地和倭國保持著貿易往來，即便是在元朝攻打倭國期間，這貿易也未曾中斷。而且元代和倭國的貿易，與兩宋時期有很大的不同，北宋的時候呢，通常是咱們中國商人到倭國去經商，南宋時變成雙方互有往來，到了元代卻變成主要是倭人前來貿易了。因為經常貿易的關係，倭人對從他們倭國到浙江來的這一條航線也十分熟悉，一旦要入寇沿海，浙江自然首當其衝了。」

風染翠食指輕叩桌案，略一思索，有些疑惑的說：「一直都是這樣嗎？記得父親曾經提過，福建、廣東的倭患似乎也是十分嚴重？」

「那是嘉靖朝後期的時候。」

李臨峰讚許的笑著：「因為倭寇入侵沿海，一般是在清明前後，借助季風的風勢，從朝鮮西海岸漂流而來，由於地理位置的關係，山東、遼東是他們最容易到達的地方，往下便是南直隸地區跟浙江，所以原本倭患是以山東、遼東、浙江三地最為嚴重，但在朝廷的圍剿之下，山東、遼東的倭患較為平息，北方倭寇逐漸往南竄逃，再加上倭寇占據沿海島嶼，和中國海盜、佛朗機*人勾結，福建和廣東於是成為嘉靖朝後期，倭患最為嚴重的地區。」

李臨峰喝了口茶，續道：「妳也知道嘉靖年間是沿海倭患最為嚴重的時候，不但入寇的次數多，時間也長，入寇的規模之大、地域之廣，都不是前朝可以比擬的。如果說是倭寇的入侵，才造成沿海民不聊生，血流成河，實在一點都沒有誇張之處。」

「前輩方才提到，倭寇裡頭，居然也有咱們漢人嗎？」風染翠有些不敢置信。

「倭寇，倭寇，自然是以倭人為主，但是為了利益的誘惑，有時也會有中國海盜跟西番*參與其中，甚至沿海地區還有依附倭寇的『小民』，為倭寇引路，更導致倭患的加劇。有了他們的加入，加上海防的腐敗，倭寇對沿海的入侵，簡直可以說是任意來去，如入無人之境。」

「這樣說起來，要不是有戚將軍，咱們根本沒有安穩日子過了？」風染翠幾乎無法想像那種日日風聲鶴唳，草木皆兵的生活。

「何止是沒有安穩日子過！倭寇入侵導致的嚴重後果，可不只是生活的不安定而已，妳要知

放大鏡

*佛朗機　就是現在的葡萄牙。

*西番　就是現在的葡萄牙人。

道，江南地區是咱們整個大明的經濟命脈，倭寇寇擾江南海疆，弄得民生凋敝，這是會動搖國本的，到時候，整個大明朝就垮啦！不用說安穩日子，只怕連日子都沒法過了！」

「戚將軍未及弱冠，就寫下『封侯非我意，但願海波平』的詩句，想必他是深知倭患為害之劇，才有這樣遠大的胸襟懷抱吧！姪女以往聽家父念及此詩，心裡還不覺怎樣，如今想來，戚將軍憂國憂民的宏偉志向，都在這詩句中表露無遺了。」風染翠心有所感的說。

李臨峰戚然道：「好孩子，妳心思靈敏，只怕妳爹也不及妳。」

風染翠搖搖頭，道：「姪女只是略知一二，有感而發罷了！」

「呵呵！好一個有感而發！顏淵聞一知十*，仗恃的不正是這有感而發的能耐嗎？」李臨峰撫掌笑道。

風染翠臉色羞赧，頰泛桃花，正不知如何回應之際，跑到竹林深處比劍發洩怒氣的兩人，已經飄然歸座。輕功稍勝一籌的莫歧生先到，拿起桌上的茶便一飲而盡，魏麒見狀，不禁皺眉，道：「這碧螺春怎麼能這般牛飲？未免太過糟蹋！」

「這茶嘛，有閒情逸致時，自然可以慢飲細品；如果沒有那份心情，純粹為了解渴，直接喝乾便是，幹嘛矯揉做作，故示優雅？要是渴死了，這裡可沒人會幫你收屍。」莫歧生滿不在乎的

放大鏡

＊你知道顏淵是誰嗎？給你一個小提示，跟至聖先師孔子有關係喔！想不起來嗎？偷偷告訴你，顏淵就是孔夫子的學生，他姓顏，名回，字子淵，一般稱他為顏淵或顏回。「聞一知十」是孔子的另一個學生，子貢對顏回的稱讚。因為孔子有一次問子貢說：「你跟顏回誰比較優秀呢？」子貢回答說：「我哪裡能比得上顏回呢？顏回聞一可以知十，我聞一只能知二啊。」子貢就是在稱讚顏回聯想力跟類推的能力喔，這樣你知道李老先生為什麼這樣稱讚風染翠了嗎？

說。

「賢姪見識通達，不拘小節，將來成就必不可限量。」李臨峰笑道。

「前輩過獎，晚輩愧不敢當。晚輩輕浮無行，先師在世時還曾多次見責呢！」莫歧生拱手為禮。

風染翠聞言笑道：「師兄，爹爹屍骨未寒，你就在他身後跟李前輩告起狀來，不怕他入夢訓你啊？」

「呵呵，休要擔憂，有老朽在此為你做保。」李臨峰笑著替莫歧生解圍：「我看，你師父責罰於你，倒不是為你這飛揚跳脫的個性，而是你心思太過活絡，怕你流於奸詐狡猾，因此對你特別嚴格。」

「前輩說的極是，先師在世時，所言亦是如此。」莫歧生此時臉上再無絲毫玩笑意味。

「這也是應當的，人聰明固然是好事，但若沒有一點原則與堅持，便容易墮入邪道，走上歪路，這也是戚將軍當初募兵之時，對兵員資質特別小心在意的原因。不過，依老朽看來，風兄是過慮了，賢姪眉目清朗，眼光澄澈，怎麼也不可能是奸邪之輩。莫歧生，莫歧生，哈哈！真是人如其名啊！」

「而且還夠高！」魏麒站在一旁，天外飛來一筆的咕噥著。

李臨峰深表同意：「沒錯，身形挺拔，端凝若山嶽，行動似飄風，莫怪風兄當初會收你為徒了。」

李臨峰的頻頻稱讚，讓莫歧生黝黑的臉龐微露窘迫，他求救的看向風染翠，卻見她已經忍俊不住，笑得前俯後仰。好不容易止住了笑，風染翠才道：「前輩很愛打趣我們師兄妹二人，對我們

如此謬讚，只怕魏師兄要不依的，我方才聽聞他低聲咕噥，必是不以為然之至了。」

突然被拉下水的魏麒苦著一張臉，雙眼瞅著風染翠，暗暗埋怨她幹嘛陷害他。他剛剛只是忍不住嘛！身高一向是他心口永遠的痛，眼見莫歧生身材高大，他差了人家快半個頭，怎麼能不唏噓不已呢？

「這倒不會，麒兒生性誠篤，個性也直，唯一可惜之處，便是思緒不夠靈活，所以才會連師父的意思都誤會了。」說到底還是不忘提提先前的烏龍事件，揶揄一下愛徒。

莫歧生見李臨峰雖對魏麒有所批評，但從他的語氣之中，仍可明顯聽出他對這個徒兒的喜愛，這不禁讓他想起師父在世時，與他相處的種種。風染翠見莫歧生突然一臉孺慕之情，知道他想起父親，她心下一酸，眼淚險些滾落。為了轉移師兄的注意力，她吸吸鼻子，向李臨峰問道：「前輩方才提及戚將軍募兵之事，難道戚將軍一到山東便已開始募兵嗎？」

李臨峰搖頭道：「不，不是！募兵是到浙江之後的事了。不過，戚將軍之所以要募兵，倒和他在山東防禦倭寇的經驗很有關係。」

峰燹天為愁

「你們也知道戚將軍到山東，主要的工作是為了要防禦倭寇，可是當時的軍政腐敗，衛所制已經走向衰落，士兵們不堪軍官的奴役跟剝削，紛紛逃亡，使得山東沿海原本應該要有六萬餘人的兵額，居然逃到只剩下兩萬多人。這區區兩萬多人，還要分成京操軍、屯軍跟補倭軍＊三個部分，到頭來，真正能用在防禦倭寇上的兵力，也不過四千餘人。」說到這裡，李臨峰不禁搖頭。

「四千多人！這怎麼去打倭寇啊？」莫岐生皺眉。

放大鏡

＊京操軍是指輪流到京師進行操練和戍守的兵員，屯兵則是在衛所制中，負責耕種田地的兵員，因此最後用在防守倭寇的，只有補倭軍。

風染翠嘆了一口氣，道：「是啊！而且山東孤出海隅，三面環海，海防卻如此疏略，這叫倭寇怎不趁虛而入呢？」

「要是我是倭人，我當然也會來打家劫舍。這簡直就跟把黃金白銀擱在家裡，卻不鎖門窗是一樣的嘛！」魏麒聳聳肩，一臉無奈。

「所以這件事情令戚將軍感到十分困擾。他為了盡快改變這種局面，雷厲風行的進行了幾項措施，大力整頓了衛所部隊，希望能在有限條件下，提高軍隊的戰鬥力。」李臨峰頓了頓，眼神若有所思。魏麒看師父的神色不太尋常，正想探問，李臨峰卻已接著說道：「他先是汰換軍隊中老弱卻仍占據要職的軍官，讓年輕有為的將領得以升遷。再來是嚴整部隊的紀律，針對不法軍官苛扣糧餉之事進行徹查。最後則是嚴格改變軍中種種的不良風氣。」

莫歧生聽得連連點頭，讚道：「先汰換老弱，讓年輕人知道他們有出頭的機會，激起他們的上進心；再裁撤不法軍官，安定士兵的心，確保他們的權利不被剝奪；接著再肅清軍隊紀律，便不至於招致太大反彈。」

「是啊！如果直接肅清紀律，以權威壓人，士兵積怨如山，或許會產生兵變呢！」風染翠附和。

李臨峰呵呵笑道：「沒錯，正是如此。你們兩個娃兒很懂治軍之道嘛！」

「小姪只是從自身經驗去推想罷了。」莫歧生搔搔頭，有些不好意思。

「嗯。」李臨峰點點頭，繼續說道：「戚將軍雖然十分替士兵著想，但當他開始整頓軍紀時，他是鐵面無私，絕不徇情的。據說當時戚將軍的母舅亦在軍中，自恃是將軍的長輩，因此不服從號令，可是戚將軍仍是毫不容情，將他依軍法論處。嚴懲舅父，這可算是大逆不道的事啊！人家說『天上天公，地下母舅公』，母舅在倫常次序中，地位很高。可是他為了整頓軍隊的風紀，寧願背負六親不認的罪名，也要徹底執行軍法。但是戚將軍為人公私分明，在執行軍法後的當晚，他便摘去官帽，以家禮向他的舅父賠罪。所幸他的舅父也不是個不明事理的人，當下便以下屬的身分跪在戚將軍身前，誠心的說：『你執法如山，我從此再也不敢違抗軍令了。』這樣一來，全營將士皆知戚將軍大公無私，連母舅違紀都絕不寬赦，誰還膽敢以身試法？於是整個部隊的風氣為之一變，山東的抗倭防禦，也逐漸步上軌道了。」

魏麒聽得跌足讚嘆：「這才叫作軍令如山，威重令行。難怪戚將軍能夠帶出那樣精良的隊伍，能建下這樣的不世功勳。」

莫歧生瞄他一眼，笑道：「那看來前輩是對你太過寬容，讓你連師父的話都聽不懂。沒關係，今日有緣，就讓我代替前輩將你嚴懲一番。」

「那就有勞賢姪了！」李臨峰笑道。

「師父，救命！」魏麒一邊逃一邊叫，卻不敢還手，師父一聲「有勞」，便表示賦予莫歧生責罰他的權力，他哪敢違逆師命啊！

風染翠搖搖頭，縱身上前，伸出竹棒隔開兩人，笑道：「師兄，別鬧了！」

「正好，就用這竹棒打他三十棒。」莫歧生說著，伸手便去奪風染翠手中竹棒，風染翠十指靈

動，策動竹棒在指間迴旋，避過莫歧生的抓勢，轉而擊打他手背。莫歧生雙掌一翻，眼見就要抓住棒端，風染翠纖指輕挑，已然將竹棒牢牢握在手中，蓄勢待發。

莫歧生雙手高舉，笑道：「看在妳面子上，便暫時饒了這小子。幾天沒跟妳過招，妳的棒法又有長進了。」

「敢情師兄是試我功力來了？」風染翠笑著瞪了莫歧生一眼，見他乖乖歸座，便不再多言，轉身向李臨峰道：「前輩，不好意思，打斷您了。」。

「無妨，無妨。得見老友絕技，對我而言，也算是老懷大慰啊！」李臨峰年歲雖長，卻依然不減豪興。見三人盡皆歸座，他接著說道：「戚將軍讓山東海防走上軌道，也經常出海巡邏，視察衛所，改變了整個山東的形勢，因此受到朝廷的矚目。當浙江沿海的倭患日益加劇時，他在嘉靖三十四年，便被派往浙江抗倭。由於在山東防禦倭寇的經驗，讓他對大明軍隊的腐敗有進一步的認識，他知道整頓一支腐敗的隊伍，需要耗費極大的心力，而且效果遠不及親自訓練一隊新兵。因此，他非常希望能親自選募、訓練一支新兵，但這個想法，一直要到他去浙江四年之後才得以實現。」

「為什麼要這麼久呢？」魏麒大感疑惑。

「因為不管怎麼說，戚將軍在當時的資歷都還算太淺，儘管被朝廷著錄為良將之才，但朝廷並不會因此就對他言聽計從，他上頭還有長官，他要想招募新兵，還是需要長官的批准才行，因此他必須要先有顯赫的戰功，才可能有招募新兵的機會。」

風染翠搖搖頭，道：「巧婦難為無米之炊，沒有好軍隊怎麼打勝仗？又要怎麼有戰功呢？」

「所以啊，戚將軍在浙江的第一場仗打得極為辛苦。當時他被委派鎮守寧波、紹興、台州三府，三府均靠海，是倭寇經常出沒的地方，戰略地位可說是十分重要，尤其是寧波跟紹興，一向被視為浙江的門戶，浙江一省的安危，全繫於此。而在寧波府有一個衛所叫龍山所，北面靠海，乃是倭寇船隻往來必經之地，地勢險要至極。如果倭寇占據此關鍵之地，他們便可以以此為據點，大肆劫掠浙江全省，到時素有『天上天堂，地上蘇杭』美譽的杭州，必然難免災禍。

「果然，在嘉靖三十五年八月，八百多名倭寇流竄至寧波府慈溪縣，準備進攻龍山所。龍山所參將王鏜等人，率領士兵五千前往抵禦。這時戚將軍才剛走馬上任不久，根本來不及訓練士兵，但軍情緊急，不容延宕，龍山所又在他轄區之內，為解燃眉之急，他只得臨時選集士兵，急忙趕往應戰。這時候，明軍約有上萬人，倭寇只有八百多人，可是倭寇深知明軍不堪一擊，因此根本沒有將明軍放在眼裡，他們兵分三路，由三名倭酋帶領，聲勢浩大的向明軍衝殺而來。」李臨峰停頓下來，喝了口茶。

「結果呢？結果呢？」魏麒按捺不住，連聲的問。

李臨峰橫了徒弟一眼，罵道：「小兔崽子，你好歹讓我喝口水，喘口氣，急個什麼勁！」

魏麒低下頭，一臉窘迫。風染翠則向莫歧生吐了吐舌頭，一臉好險的表情，原來要不是魏麒先開口催促，她也迫不及待的想要問後果如何呢！

李臨峰又喝了一口茶，潤潤喉之後才道：「結果啊，咱們大明上萬大軍，居然看到倭寇鬼吼怪叫，就嚇軟了腿，當場潰散敗退。」

說到這裡，李臨峰見三人臉上均有掩不住的失望，他笑道：「就在這個時候，戚將軍見情勢危殆，他深知如果讓這情形繼續發展下去，明軍必然兵敗如山倒。因此他二話不說，縱身躍到一塊巨岩之上，彎弓搭箭，只聽得破空之聲傳來，將軍連珠三箭射出，三個倭酋應聲斃命。倭寇大驚之下，自亂陣腳，明軍反而軍心大振，重新向倭寇殺去。那些倭寇見無法取勝，便紛紛退去，可惜明軍只是一群烏合之眾，不能以數量的優勢圍殲敵人。」

「但是勝啦，還是勝啦！」魏麒滿臉喜色，溢於言表。

莫岐生冷冷的說：「芝麻綠豆大的小勝利，你不用那麼興奮吧！我看這根本不足以遏止倭寇的入侵。」

「沒錯，同年九月，又一股倭寇從龍山登陸，想要占據龍山所。這次戰役浙江巡撫親自督軍，率領戚繼光、俞大猷、譚綸三名大將與倭寇周旋，明軍浴血苦戰，雖然連戰皆捷，但也是死傷慘重，最後還受到倭寇的埋伏，軍心大亂，要不是譚綸與戚將軍麾下的士兵未曾受到影響，依然奮勇殺敵，大明軍隊只怕會全軍覆沒。不過，也因為受到埋伏，讓明軍無法追擊敵人，又再次讓倭寇輕鬆逃逸。」李臨峰稍作停頓，隨即道：「不過這次戰役，讓戚將軍跟俞、譚二人結為生死之交，一起以『安社稷，濟蒼生』共勉。譚綸日後在朝為官，一再提攜兩人，給戚將軍很大的幫助。」

風染翠低首沉吟道：「這樣聽起來，這兩次的戰役雖然險勝，但實際上都傷亡慘重，追根究柢，還是士兵素質低落的緣故吧？」

李臨峰點頭道：「這些士兵平日未曾接受嚴格訓練，無異是烏合之眾，所以在戰場上，不僅無法發揮數量的優勢，還得賠上許多條性命。所以戚將軍才會希望招募新兵，徹底解決這個問題。」

「打了兩場勝仗，總該可以讓戚將軍如願了吧？」魏麒滿懷希望的問。

「這件事說起來就令人生氣！你們也知道，我們南方人一向給人比較文弱的印象，而北方人則高頭大馬，看起來比較強健。所以每次遇上倭寇來襲，通常都會借調北方軍隊來防禦，這借調來的軍隊稱為『客兵』。剛開始，江浙地區的人對客兵是寄予厚望的，積極為他們籌備軍餉、軍糧，可是這些客兵的素質之低落，實在令人失望。他們不僅不守紀律，甚至還劫掠搶食，凶狠的程度不下於盜賊、倭寇，再加上每支軍隊各自為政，反而拖垮了整體戰鬥的能力。這種軍隊，別說去打仗了，他們只要不窩裡反就謝天謝地了！」李臨峰說起這件事來，依然有著隱隱的怒意。

「咱們大明軍隊之腐敗，真是叫人意想不到。」風染翠輕聲喟嘆。

「是啊，所以戚將軍在提倡練兵的上書裡，針對當時軍隊存在的問題，一一提出了具體可行的改進方法，可是上級長官不僅完全置之不理，竟然說他是在譁眾取寵。」說到這裡，李臨峰的語氣已經略顯高昂。

「這些當人家長官的人，有時候真不知道他們腦袋裡裝的是什麼！」莫歧生一臉無奈的攤攤手。

不意卻引起李臨峰的知己之感，他大力拍著莫歧生的肩膀，道：「就是！就是！這麼好的建議不採納也就算了，還在那邊風言風語。不過，還好戚將軍毫不氣餒，他再次上書，明確提出要訓練浙兵的建議，這次的建議比第一次更加具體詳細，還針對南方人柔弱不堪戰鬥的成見，提出『十室之邑，必有忠信；堂堂全浙，豈無材勇』*的說法，認為

放大鏡

*這是戚繼光在嘉靖三十六年二月，第二次上書上級，要求招募新兵的〈練浙兵議〉裡的文句。從文章的題目看來，可以知道這是一篇提議訓練浙江人為兵的奏章。這幾句話的意思是說：「儘管只有十來家的小地方，裡面也一定有講忠信的人；我們這麼廣大的浙江省，難道會找不出一個剛勇的人才嗎？」偷偷告訴你，戚繼光這句話其實借用了孔子的話來加強說服力，「十室之邑，必有忠信」就是化用《論語》裡面的句子喔。

浙人只要經過訓練，也可以成為一支精銳的雄兵，而且還可以節省長途調動客兵的軍費，實在是一舉兩得。」

「戚將軍真是見識過人。」魏麒聽得一臉神往。

風染翠點點頭，道：「我們立身處世往往容易為成見所迷惑，戚將軍能夠勘破成見，力排眾議，堪稱大智大勇之人。」

「對對對！賢姪說的極是！」李臨峰聽了風染翠的話，差點就要跳起來了。他接著說：「不過當時的總督胡宗憲可不這麼想，胡宗憲雖然也算是個人物，但是他的見識終究不及戚將軍。他看到這篇奏章，大為震怒的說：『要是浙江人真的可以訓練，我早就訓練了，哪裡要等到你來？』本來他還是要駁回戚將軍的奏章，可是後來想想，戚將軍畢竟是他推薦的人才，屢次拒絕他的建議，道理上說不過去，所以就勉為其難的同意了。不過，並不是讓他招募新兵，只是把三千名士兵撥給他訓練罷了。」

風染翠想到父親曾經說過的事蹟，兩件事連貫起來，讓她不禁對戚繼光的軍事才能更為欽佩。她脫口道：「但是說起來戚將軍也真是了得，這三千名士兵雖不是他一手帶起來的，但是他在一面訓練，一面作戰的情況下，居然還能圍剿倭寇巢穴，真是了不起！」

魏麒一臉迷糊的說：「什麼？說到哪去了？」

風染翠輕輕笑道：「前輩，這一戰役的始末，便由姪女代為說明吧。」

「好啊，正好讓老朽瞧瞧武林董狐之女的能耐。」李臨峰微笑，興味盎然的看著風染翠。

「當時有一群倭寇占據了舟

山島西部的岑港，並且在當地營建欄柵、堡壘，有長期盤據，作為劫掠據點的態勢。總督胡宗憲出於全盤考量，決定圍剿岑港。可是岑港位於孤島之上，附近又有許多大小島嶼，地勢易守難攻，倭寇利用地勢之便，築堤蓄水，每當明軍衝殺之際，便放水沖淹明軍。大明軍隊數次進攻，不僅無功而返，反倒傷亡慘重。到了四月，一批又一批倭寇來到岑港會合，要攻下岑港更是難上加難。戚將軍所率領的這支部隊，面對盤據岑港的倭寇，雖然每戰皆捷，給予倭寇迎頭痛擊，可是終究無法攻下他們的根據地。日子一天一天過去，岑港久攻不下，朝廷不知聽信誰的讒言，居然責怪守將剿匪不力，下令革去戚將軍等人的官職，並限期一個月之內肅清岑港倭寇，否則便要將他們發配邊疆。」

「什麼！」魏麒簡直不敢置信：「真是瘋了，瘋了！」

莫歧生拍拍魏麒的肩，有些風涼的說：「習慣就好了，不要大驚小怪的。大明朝的官僚別的不會，扯人家後腿最是擅長。」

「在這一個月的期限內，戚將軍身先士卒，奮不顧身的衝鋒殺敵，明軍動用人海戰術，一波一波湧上，最後倭寇終於抵擋不住，棄寨逃逸。這一場硬仗打得雖然辛苦且死傷慘重，但總算剿平倭寇占領長達半年的巢穴，這是明軍與倭寇接觸以來，難得的戰果。雖然戚將軍在這次戰役裡受到不公平的對待，但他驍勇善戰的聲名就此傳遍朝野。在嘉靖三十八年春天，倭寇又乘東南風而來，浙江沿海三府受到嚴重的侵擾，戚將軍率領軍隊，在浙江沿海與倭寇對戰，殺敵無數，剿滅沿海附近大大小小的倭寇巢

穴。這幾場戰役打下來，戚將軍更是聲威遠播，所以當他再次提出招募新兵的建議時，終於被採納了。」風染翠說完之後，看向李臨峰，笑道：「前輩，姪女說得對嗎？」

李臨峰豎起大拇指，稱讚道：「說得對極了，就算讓老朽來說，也未必能如此詳細。」

「所以接下來，戚將軍就到義烏去募兵囉？」莫歧生問道。

「怎麼你們兩個什麼都知道啊？」魏麒疑惑的說，「戚將軍去募兵，所以師父和風前輩都是在那時加入戚家軍的囉？」

「不是的，」李臨峰搖頭道：「我和風兄是在戚將軍第二次到義烏募兵時才加入的，第一次募兵的時候，我們年紀還不夠大。那時候義烏剛好發生礦工械鬥，戚將軍認為如果能把這批礦工加以訓練，一定可以造就一支強勁的隊伍。儘管將軍很想盡快親自訓練一支軍隊，但是他在選兵時仍是十分嚴格，他專門挑選忠厚老實，能吃苦耐勞的礦工和農民，生性輕浮狡猾之人，他是決計不收的。」

「所以像莫兄如此狡獪，想是沒指望入選的。」魏麒以手肘撞撞莫歧生，笑著打趣他。

莫歧生也不生氣，他淡淡的說：「是啊，根據戚將軍『寧缺勿濫』的選兵原則，魏兄想必也跟小弟同在淘汰之列。」

風染翠聞言笑彎了腰，建議魏麒道：「魏師兄，家師兄什麼都不精，就是嘴上功夫格外特出，小妹勸你還是不要輕啟戰端的好，否則可是會被他損得體無完膚的。」

「好說！好說！」莫歧生笑著向三人拱手為禮。

李臨峰略帶寵溺意味的看著

三個後輩鬥嘴。莫岐生反應最是靈敏，一派瀟灑不羈的模樣；風染翠溫婉慧黠，亦是妙語如珠；而他那徒兒魏麒雖是口拙嘴笨，卻也憨厚可愛。三人各具特色，卻是同樣精采的人物，不知道在往後的武林裡，三人會有怎樣的際遇和發展？

「你這姓莫的，就會耍嘴皮子，我可不跟你一般見識！」魏麒眼見口舌上占不了便宜，急忙鳴金收兵。

「少年人鬥嘴取樂，可別鬥上氣來了。」李臨峰笑著勸解。

「不會的，魏師兄怎會跟小弟一般見識呢？他最是忠厚老實了。」莫岐生帶點玩笑意味的說。

「前輩，咱們還是回歸正題，請您再跟我們說說戚將軍訓練新兵的事吧！」風染翠將大家的注意力重新拉回主題。

「嗯，戚將軍募兵之後，根

據每個士兵的特性，分別訓練他們使用不同的兵器，並依據他長年和倭寇接戰的經驗，特別加強士兵之間協同作戰的能力。在兵器、戰船*等裝備的使用上，他也特別注意長短、大小的配合使用，以期將軍隊的戰力發揮到最高。」李臨峰微一沉吟，指著風染翠道：「妳這棒法左短右長，交互為用，正是妳父親從戚將軍軍隊編制的經驗中得來的靈感。」

風染翠點點頭，道：「當年爹爹先用了整整一年的時間，訓練姪女並用左、右手，待左手與右手一般熟練，才起始練這套棒

放大鏡

*以戰船為例，戚繼光水師的戰船分為三類，第一種叫做「福船」，船身高大，威力較猛，能撞沉敵船，不過因為船身太大，只能在深水區域行駛；第二種叫「海滄」，比福船稍小，較為靈活，亦可摧毀擊沉敵船，不過在外海的作戰威力，比不上福船；第三種為「蒼船」，型制最小，最為靈活，適合追擊敵人。三種戰船交互搭配使用，便可以截長補短，使戰力發揮到最高。戰船之外，在兵器和火器的配置上，戚繼光都以長短、大小、輕重相互配合補充的原則進行裝備，大大提升了明軍的戰鬥力喔！

法。」回想起當初剛開始練左手的經驗，風染翠不禁頭皮發麻。

「徒兒剛剛就是被風姑娘這套棒法打了個措手不及，原來這還是戚將軍的遺意，我敗得倒也不冤。」方才魏麒藉著暗器取勝，在他心裡還是認為自己終究輸了一招。

李臨峰呵呵笑道：「自然不冤，為師當年見風兄創下這套棒法，心裡可是大為欽服讚嘆。」他笑聲驀地止歇，斂眉大喝：「什麼人？」同時雙手微揚，數十枚銀針射向竹林之中。

5 山中草木皆軒昂

風染翠等人順著銀針去勢看去，只見銀光閃動，數聲悶哼傳來，眼前卻毫無異狀。忽然間，光影晃動，竟有十餘名黑衣裝束的蒙面男子憑空出現在眼前。為首的男子滿臉暴戾之氣，淡淡的看了他們一眼，最後將眼光鎖定在李臨峰身上，指著他問道：「老人家，《龍行劍譜》在你身上嗎？交出來！」

風染翠拉拉莫歧生的衣袖，低聲道：「師兄，這莫非就是倭人所謂的忍術嗎？那這些人就是忍者囉？」

莫歧生瞄瞄那群男子，不甚在乎的說：「只是一些障眼法罷了。不過他們被李前輩的銀針扎中要穴，居然沒有暈倒，還真的是挺能忍的，難怪叫忍者了！」

「要聽他們那種怪腔怪調的官話，才真的需要忍術吧？」魏麒在一旁搭腔。

「他們也是要找劍譜，怎麼最近每個人都到這來找劍譜啊？」這種情況實在不尋常，之前《龍行劍譜》事件鬧得沸沸揚揚，也沒有人找上門來，父親一死，居然三天兩頭有人來索討劍譜。難不成是有人故意將目標導向這裡？或許他們的目的其實不在劍譜，而是要借刀殺人，毀掉可能藏有劍譜真相的武林誌？

風染翠猛然想起，父親臨終時，曾經對她說過一些話，當時她不甚明瞭，如今想來，父親像是早就知道這些事會發生似的，事先竟已做好了安排。

在她沉吟之際，十餘名男子已將長刀握在手中，迅速將他們四人包圍起來。李臨峰毫不在意的站起身，隨意整整衣衫，老神在在的說：「賢姪、麒兒，你們動手吧！為首三人武功較高，但亦不足為懼，出手不要留情，如果不願多傷性命，廢了他們的武功便是。」

就見莫歧生抽出腰間軟劍，迎風一抖，去勢如風，頃刻間已有四人長刀脫手，手腕中劍。同時間，魏麒迴身拔劍，身子如箭離弦，激射而出，劍尖輕顫，一招鳳凰三點頭，分刺三人肩井穴，三人不及招架，長刀已先後落地。莫歧生和魏麒兩人一陣疾攻，倭人的包圍圈子登時散亂，十餘人中已有七人中劍倒地。

風染翠提起竹棒，正欲加入戰局，卻聽得李臨峰道：「妳瞧，他們以為自己人多，圍成圈子就當是甕中捉鱉，穩操勝券，其實這樣的陣勢，最是不堪一擊。」

「的確，他們圍成一圈，彼此間卻無法相互救援，一受攻擊

就手忙腳亂，咱們便可趁勢脫走。」風染翠眼光一邊關心莫歧生的情況，一邊說道：「莫怪當初戚將軍能以鴛鴦陣法*大敗倭寇。」

「是啊，鴛鴦陣法可是戚將軍針對東南沿海山丘起伏、水網密布的地形特徵而創立，不僅在行軍上更加迅速，機動性也更高，戚將軍在他的《紀效新書》

放大鏡

*戚繼光創立的鴛鴦陣法，是對傳統戰術陣法很重要的革新喔。以前打仗時非常注重軍隊隊伍的排列，而攻擊時，在戰術上的第一要求，就是要在進攻或防守時，打亂敵軍的戰鬥陣形，傳統的兵法裡有所謂「兵敗如山倒」的說法，就是在強調戰鬥隊形絕對不能被打亂，否則軍隊潰亂，勢如山倒，難以挽救。為了因應這種戰鬥需要，傳統戰爭中，往往將軍隊排列為方陣，但這種陣勢行進緩慢，隨時要停下來調整隊伍，不適合機動戰鬥和追擊敵人，更有地形上的限制，只能在平坦廣闊的地方作戰。

原本在火器還未廣泛使用的冷兵器時代，方陣雖然有諸多缺點，卻仍是最符合戰鬥需要的陣勢，但在炮彈之類的火器開始使用之後，方陣的缺點更加明顯的暴露出來，因為只要受到炮火攻擊，排列方陣必然死傷慘重。為了因應江南地形上的需要，以及避免遭受火器攻擊時，造成的重大損失，戚將軍將傳統的方陣，改為十二人一組的鴛鴦陣，以隊長居前，其餘人排列成兩行縱隊，搭配不同的長短兵器。這種類似線式、縱隊的戰鬥陣法，西方國家一直到戚繼光以後的一、兩個世紀才開始使用喔。

裡就說鴛鴦陣是戚家軍殺敵能屢戰屢勝的重要關鍵，是第一要緊的陣法。」

風染翠點點頭，道：「那是當然的，當時倭寇有時亦以火器攻擊，鴛鴦陣法排列疏闊，能減少受到火器攻擊的傷害。在與敵軍作戰時，鴛鴦陣法還能變化為兩儀陣、三才陣，不但變動靈活，還適合追擊敵人。如果這群倭人懂得這套陣法，將十餘人演為三才陣，不僅能把人數的優勢發揮到最大，方才的包夾之勢，也不至於輕易便被破解。」

李臨峰撫鬚笑道：「分析得極是，如果他們懂得，咱們爺兒倆便不能這麼清閒的在這觀戰了。」

兩人談笑間，十餘名倭人已在莫岐生和魏麒的凌厲劍招下損傷過半，只剩武功較強的三人猶做困獸之鬥。只見他們手持長刀，凶狠的揮砍，招式變幻雖不甚精妙，來勢卻飄忽而猛烈。由於倭刀鋒銳沉厚，而中原長劍劍身較薄，兩者相擊，劍身受損較大，因此魏麒不願硬攖其鋒，他劍走輕靈，避開刀勢，伺機劍刺敵人。莫歧生手持軟劍，無此顧慮，只見他軟劍揮出，手腕連抖，便已將倭刀捲住，趁那名倭人大驚，運勁回奪之際，莫歧生左掌往他胸口一拍，那人登時口吐鮮血，軟倒在地。

魏麒見莫歧生一招得手，口中喝采，此時一名倭人揮刀砍來，魏麒身子一側，避開刀鋒，右手長劍已往來人脅下刺去，那人大驚之下，中劍倒地，連回刀反砍的時間都沒有。

剩下的那名倭人大喝一聲，突然揮刀向風染翠砍去，風染翠不驚不懼，竹棒點出，直取那人天突穴。那人避開竹棒，揮刀橫砍，風染翠騰挪輕巧，擊打他左右兩臂，同時倏地欺近那人身前，左手竹棒連點他胸前三大要穴。

「好！」李臨峰喝一聲采，招手叫他們到身旁之後道：「不知道是什麼原因，這裡突然間成為眾人的目標，我想我們不應該繼續待在這裡。雖然輕易打發了這群人，但難保待會兒不會再有敵人前來，到時候應付起來就很麻煩了，而且……我想，妳爹應該有事情交代你們去辦吧？」

莫歧生一臉不解，卻看見風染翠聞言大吃一驚。從她的神色，李臨峰知道自己所料不錯，他輕聲道：「依風兄的性子，他不可能坐視此事發展，或許他不希望你們捲入其中，所以有安排另外的應變之法，但當事情的風暴襲來，我認為他一定留下了足以避禍的方法。」

風染翠點點頭，雖然她不知

道父親另外的方法是什麼，但肯定沒有留給她的信中所寫的指示見效快速。

「這樣吧，我們分頭行事，二位賢姪去辦風兄生前交辦之事，我也盡快去處理他向我提及之事。」李臨峰看看天色，交代道：「染翠是風兄的千金，比較容易成為敵人鎖定的目標，讓麒兒跟著你們我比較安心。屋中有沒有什麼要緊的東西要拿，如果稍後有人前來，也不至於會丟失。」

「不用了，沒有人能再進得去屋子裡的。姪女已經在屋子周圍設下埋器*，做好萬全準備，不論來人的輕功如何卓絕，還沒到得屋前一丈之地，便會立時引爆地下埋器。先前是姪女思慮不周，沒想到有人會將此處視為目標，所以未曾引動機括，方才我已將鋼輪發火*的機括安置妥當，絕不允許再有人騷擾先父靈位。」風染翠信心滿滿的說，臉上有悲憤，也有著掩不住的得意。

魏麒不解的問：「什麼埋器？鋼輪發火又是什麼？」

莫歧生熱心的搭著魏麒的肩，解釋道：「這件事在下恰好可以為尊駕解答。所謂埋器呢，就是埋在地下的石炮火器，如果有人引動了它，讓它爆炸起來，嘖嘖！火藥的威力和碎石瓦礫噴發

放大鏡

＊這裡說的「埋器」，指的其實就是所謂的地雷。大家都知道中國的四大發明是火藥、紙、印刷術和指南針。地雷也是中國人首先發明使用的喔，最早記錄地雷使用年代的書，是明崇禎八年瞿如說所著的《兵略纂聞》，裡面記載兵部侍郎曾銑曾經在嘉靖二十五年（1546 年）到二十八年間，在總督陝西軍務時，正式創造了地雷。使用的時候要先在敵軍必經之地，挖一個一丈多深的坑，把裝填好火藥的地雷埋在裡頭，再用沙土覆蓋。地雷上有發機通到地面上，當敵人經過時，只要觸動發機，地雷就會引爆。

＊「鋼輪發火」是戚繼光在使用地雷守城的過程中，對地雷的引爆裝置進行的重要改進，是一種機械式的引爆裝置，根據記載，是戚繼光在萬曆八年時創製的。這種裝置，實際上是一種利用鋼輪磨擊火石生火，點燃火藥，引起地雷爆炸的自動引爆裝置。使地雷從人力拉動引爆，發展為機械引爆的方式，也是中國人首先使用的。戚繼光對當時火器的使用，做了很多重要的革新，大大增強了明軍的作戰能力喔。

開來，那個殺傷力啊，可不是好受的。至於鋼輪發火，是戚將軍晚年戍守薊鎮的時候發明的裝置。本來呢，埋器需要靠人力去引發它，比較不方便，也容易造成自家人的損傷，但戚將軍發明的這鋼輪發火呢，只要敵軍一觸動到機括，鋼輪便會轉動，引燃火藥，到時候，轟！轟！不論多少人馬，都要一命嗚呼！」

魏麒聽得瞠目結舌，不敢置信的望著風染翠，咋舌道：「而妳居然會裝置這玩意兒？還埋在事先計算過的，敵人必然要經過的路線上嗎？」

「是啊，師兄也會，爹爹曾經教過我們呀，不然要埋那麼多個，我一個人哪裡做得來。」

魏麒困難的嚥了嚥口水，有些結巴的說：「妳是說，埋了很多個是嗎？」

風染翠見魏麒額頭上不住冒

出冷汗，有些不解的說：「是啊，這樣才夠用啊！不然炸過一次就不能再用了耶。」

莫歧生拍拍魏麒的肩膀，安慰道：「所以你知道，要不是我們太過不懂得居安思危，你這條小命，是不太可能安穩的活到現在的。」莫歧生狀似憐憫的看他一眼，很故意的說：「恐怕會被炸得支離破碎喔！」

風染翠終於搞懂魏麒臉上驚恐的表情所為何來，她噗哧一笑，說道：「難道前輩沒有警告過你嗎？」

魏麒愣愣的望向李臨峰，囁嚅道：「師……師父沒……沒提啊。」

李臨峰看著一臉愕然的魏麒，道：「因為為師當年不負責火器，所以忘了提這件事，而且為師也沒想到你會硬闖硬搶啊。」

「幸好，幸好風姑娘當時沒

有引動機括，不然……不然……」魏麒打了個冷顫，拍拍胸口，不敢再想下去。

「不用擔心，如果是那樣，你就安息吧，我們清明時會去給你上香的。」莫歧生義氣十足的說。

風染翠笑著搭腔：「還可以一路上香到端午喔，所謂『清明長長節，過到端午歇』，你不但不會變成孤魂野鬼，還可以飽受香火，放心好了。」

「呸！呸！呸！晦氣，晦氣！哪有什麼清明長長節？瞎說！」魏麒雙手合十，開始感謝老天保佑。。

李臨峰笑道：「這是有的，特別是浙江沿海，台州一帶更是如此。因為當時許多浙江鄉勇投入剿寇的行列，清明時節，倭寇隨時都有可能進犯海疆，戰爭時刻都會發生，根本不可能讓士兵都回鄉去掃墓。可是祭祖掃墓是何等重要的大事，不能不做啊，所以戚將軍便想出一個變通的法子，讓士兵輪流回鄉掃墓，從清明到端午，才全部輪完，後來，當地人為了紀念戚將軍和戚家軍，這便成為習俗，一直流傳下來了。」

「師父也犯不著隨著他們的話頭，解釋得那麼認真嘛！」魏麒咕噥。

「好了，閒話休提，咱們這就分頭行事，為師去也。」話聲方落，李臨峰人影一閃，轉眼間已不見蹤影。

「那我們現在該怎麼做呢？」莫歧生看著風染翠，問道：「師妹，師父臨終之前是怎麼跟妳說的？」

「爹爹並沒有說得很清楚，他老人家只說在他死後，如果一切平靜是最好，但假使一直有敵人前來尋釁，要我盡快依著信裡的指示去做。」風染翠從懷中取出一封書信，語音略帶顫抖的道：「師兄，爹爹似乎什麼都預料到了，他很清楚他離去之後可能會發生什麼事，這種情形讓我感到很不安。」

莫歧生接過信，輕拍風染翠纖弱的肩，道：「如果這裡面真有什麼玄機，我們總會知道的，當務之急，是必須先完成師父的交代。」他展開書信，原本預期裡面會有清楚的指示，但沒有，信中只有五個字：「張灣思兒亭」。

「思兒亭？這是什麼意思？」魏麒湊過頭來，大惑不解的說。

風染翠接過信，反覆看了幾遍，喃喃低語：「張灣位於福建沿海，當時倭寇占據了福建海外的橫嶼，張灣也在他們的控制之下，戚將軍為了剿滅橫嶼的倭寇，首先便要攻克張灣，再由張灣謀取橫嶼。」

魏麒聽得迷迷糊糊，他低聲叫道：「等一下！戚將軍不是在浙江抵禦倭寇嗎？怎麼跑到福建去了？」

莫歧生拍了下魏麒的頭，罵道：「拜託，剛剛前輩在說的時候你沒有在聽啊？不是說了倭寇會往南竄逃嗎？當時浙江的倭寇在戚將軍的肅清之下，大小數十場戰役，打得倭寇盡皆聞戚喪膽，稱戚將軍為戚虎，哪裡還敢在浙江作亂，當然要向南方逃遁了。原本劫掠浙江的倭寇大批南逃，其餘倭寇不敢去浙江，當然一股腦都湧到福建、廣東沿海去了，戚將軍之所以會到福建，是被借調過去的。」

風染翠點頭道：「沒錯，戚將軍是在嘉靖四十一年從浙江被借調到福建禦倭，第一場硬仗就是要收復橫嶼，掃蕩當地倭寇。」

「這跟思兒亭又有什麼關係？」魏麒依然不解。

「關係可大了，因為橫嶼在漲潮時幾乎是一片汪洋，退潮後又滿地泥濘，難以通行。戚將軍想出負草填泥的計策，要在退潮之際，攻上橫嶼。為此，必須先搶進張灣，再在退潮時，由張灣攻向橫嶼。戚將軍在進軍之前，下了一道軍令，說道是：『潮水漲落，分秒必爭，只許前進，不許猶疑回顧，違令者斬！』當時的先鋒官是戚將軍的兒子戚耿平，他行軍到一個定點時，為了知道戚將軍的中隊是否跟上，便回頭張望，使得整個部隊的行進停頓。戚將軍為此大怒，當下下令按照軍法處置，眾將說情都沒用，戚耿平最終還是被斬首示眾。後來，戚將軍蕩平橫嶼倭寇之後，曾經在連江吼虎山想起戚耿平被斬於張灣之事，傷心落淚，後人

便在當地建起一座涼亭，稱之為『思兒亭』，用以紀念戚將軍的恩德。」風染翠一邊說明，一邊在思考父親的用意。

魏麒聽得咋舌不已：「這也太嚴重了吧，只是回頭一下，就斬首示眾？」

「軍令如山，不如此何以服眾？如果是旁人犯了此罪或許還可饒恕，偏偏是自己的親生兒子犯了，假若不依法行事，將來戚將軍如何帶領軍隊？有時候，人在某個位置上，就難免要作出犧牲，戚將軍的犧牲是為了大公大義，因此受到後人的尊敬和懷念。」莫歧生隨口接話，心中也在思量著師父的用意。

「我想咱們應該到思兒亭去瞧瞧，爹爹或許在那留下了線索也未可知。」風染翠無法由這個事件中推敲出父親的其他用意，決定先到思兒亭走一遭。

「所幸福建離此不遠，快馬加鞭，三日即可到達。」魏麒說著便要向外走去，轉念一想，又退了回來，對著風染翠疑惑的臉孔說：「還是風姑娘先行帶路吧？我怕踩到什麼不該踩的。」

莫歧生聞言大笑，他向風染翠使了個眼色，風染翠會意，兩人當下施展絕頂輕功，迅速飛掠過竹林。魏麒見狀大驚，生怕踩到埋器的他連忙縱身跟上，只見兩人身影越來越遠，他不由得大叫：「喂！等等我啦，妳到底埋了多少個啊？」

話聲迴盪在竹林中，久久不散……

6 撥雲手指天心月

莫歧生一行三人，在離開竹林之後，便快馬奔馳，疾速向福建而去。三日之內，三人已到達福建境內。莫歧生勒馬駐足，回頭問道：「師妹，咱們該往哪裡去才是？」

莫歧生這麼一問，勾起了風染翠在趕路時，心中一直揮之不去的疑問，她沉吟道：「我心裡一直覺得有些奇怪，如果我沒記錯的話，思兒亭是在連江縣吼虎山，也就是當初戚將軍南下福清追剿倭寇時，在戰事稍歇之際，因思念兒子而落淚的地方。可是父親留信上，卻寫著張灣思兒亭，但張灣並沒有思兒亭啊，只有一個『恩澤壇』石碑，是張灣百姓感念戚將軍大義的恩德，在當年戚耿平被斬之地所立。」

「有沒有可能是風前輩記錯了？」魏麒問道。

風染翠輕搖螓首，道：「不可能，爹爹對戚將軍的事蹟瞭若指掌，平時述說都不出錯，何況是用在臨危授命的書信之中！爹爹這樣寫，必然有其用意，只是我一時參不透罷了。」

「那怎麼辦？還是我們兩個地方都去瞧瞧呢？反正都出來了，左右是要避開敵人追擊，這裡跑跑，那裡晃晃，混淆視聽也好。」莫歧生一向隨遇而安，雖說是師父的遺命，但師父既然有心情打啞謎，肯定事情也沒緊急到那種程度，所以他一點也不緊張。

魏麒聞言傻眼，瞪著莫歧生說：「拜託，我們才一路趕到福建來，再這樣趕下去，就算人不累，馬可是會脫力而死的。」

「也是，我想我們還是找個

地方先歇一會兒，養精蓄銳一番，順便換過馬匹。待我把事情想個通透，才免得多走冤枉路，延誤了時機。」風染翠以眼神徵詢師兄的意見，莫歧生聳聳肩，表示沒意見。風染翠微微一笑，道：「那咱們便在前方客棧休息吧！」

風染翠話才說完，魏麒立刻一馬當先，迅速將韁繩束在客棧前的樹上，莫歧生將馬牽到他身旁，語氣冷冷的說：「你想休息幹嘛不直說？拿馬當藉口，羞也不羞？」

魏麒臉色微紅，故作鎮靜的看向大街上的攤販，卻看見街上有一面大旗，上面寫著光餅、征東餅，他指著大旗道：「你們瞧，那餅的名字取得還挺有趣的，氣勢那麼樣大的名字，餅反而做得小小的，真怪！」

「想轉移我的注意力啊？」莫

岐生沒理他，反倒是風染翠轉頭看了看，笑道：「這餅跟戚將軍和戚家軍可是大有關係，之所以叫做『光餅』，還是借用了戚將軍的名諱呢！」

真是無巧不成書啊！魏麒正煩惱自己逃不過莫岐生的揶揄，畢竟自己口拙，嘴上功夫實在不是莫岐生的對手，正巧有個光餅來解圍，他真是要大大的感激戚將軍的恩德才是。魏麒表現出興味十足的模樣，熱切的問：「跟戚將軍有關？這是什麼緣故？」

莫岐生看魏麒硬是裝出一臉好奇，表情卻極端生硬，心中不禁好笑。真是個老實人哪，戲弄起來多有成就感啊！風染翠見莫岐生一臉要笑不笑的表情，就知道他又在動歪腦筋，她用手肘警告性的撞了他一下，道：「之前不是提過戚將軍奉旨，率領戚家軍到福建抗倭的事嗎？當時倭患猖獗，戰事不斷，福建百姓見戚家軍前來，簡直是如獲至寶，家家戶戶爭相慰勞三軍，可是戚家軍軍紀嚴明，決計不能收受百姓餽贈的金錢、禮品。因此閩清縣的老百姓就特地製作了一種中間有圓孔的餅，用滷鹹草串起來，掛在戚家軍兵士的脖子上，讓他們行軍時方便食用。

「戚將軍深感百姓愛軍之心，而軍隊也的確需要便於攜帶的乾糧，就讓將士們接受了百姓的一片心意。消息傳到福州後，當地的百姓製作一種體積比閩清百姓的餅小一圈，相較之下更適於攜帶的餅，用細繩穿起來，贈送給戚家軍。後來，戚將軍在作戰中覺得這種餅非常實用，命令伙頭軍如法炮製。後來人們為紀念戚將軍抗禦倭寇的恩德，就將福州的小餅稱為光餅，把閩清的大餅稱為征東餅了。」

魏麒恍然大悟的說：「原來如此啊，等一下可得去買幾個來嚐嚐。」

風染翠嫣然一笑：「當然要啊，可以買幾個帶在路上，當作乾糧吃。現在光餅的口味多了，中間也不一定有小孔，有時只是在餅上捺一個小凹洞，以存光餅之遺意。」

三人一邊談天，一邊已進到客棧之中。在客棧中坐定，趕路的疲憊一時之間盡皆湧上，莫歧生向店小二點了幾道菜餚，同時要來清水，讓三人略略擦拭一臉的風塵。

莫歧生見風染翠在連日勞累之下，花容憔悴，眼下浮現一圈淡淡黑暈，他不捨的問道：「師妹，妳一臉疲憊，待會兒要一間房讓妳睡一會兒吧？」

風染翠對著莫歧生淡淡一笑，搖頭道：「我還撐得住。倒是方才魏師兄問起光餅一事，讓我想起父親信中的文字，可能是在暗示什麼地方。」

「喔？那是何處？」莫歧生笑問，眼中不掩欽佩與戀慕。

風染翠將食指豎在嘴邊，道：「此處耳目眾多，我待會兒再告訴你。」

「你？單數？我人也在這兒耶！」魏麒一邊用餐，一邊低聲咕噥，深深覺得自己變成一個極度多餘的存在。「師父啊，徒兒好想念您啊！」他在心中高呼，覺得自己對師父的孺慕之情，從來沒這麼高漲過。不理身旁含情脈脈的兩人，魏麒繼續埋頭苦吃。

用餐休憩過後，三人換過馬匹，神清氣爽的策馬前行。路程中，風染翠對兩人提起她方才想起之事。

「我想，父親指的既不是連江的思兒亭，也不是張灣的恩澤壇，而是于山平遠臺的醉石。」

魏麒聽了之後簡直快要暈倒，「怎麼又跑出一個醉石來啊？這是從哪裡得出來的結論？根本沒有任何一個字提到醉石這種東西啊！風姑娘，妳別是累到發傻了吧？」

莫歧生踹了魏麒一腳，罵道：「不懂你就乖乖聽，瞎喳呼些什麼？」

風染翠笑道：「魏師兄放心，不會錯的。我最是了解爹爹的個性，他行事一向小心謹慎，儘管已經是親自將書信交到我手中，他仍會擔心是否有朝一日，書信會落到他人手中，因此他不願直接寫明，而是透過暗示，確保只有我或師兄能夠懂得此中涵義。」

魏麒點點頭，道：「原來如此，風前輩真是心思縝密。那為何妳篤定是平遠臺的醉石呢？」

「一方面是因為在福建所有

關於戚將軍的遺跡中，最為爹爹所津津樂道的，便是平遠臺醉石。另一方面，則是從信中揣想而出。」風染翠說起這些事來，眼中盡是精睿光彩，分外迷人。「畢竟思兒亭和恩澤壇，雖然都是戚將軍大義斬子的遺跡，但卻相隔有一段距離，不可能是其中的任何一個。可是，這兩個遺跡都指向戚將軍來閩之後的第一場戰役，也就是橫嶼之戰。

「然而，戚家軍在福建，總共有過三場戰役，取得過三次大捷，橫嶼之捷正是其中的第一場勝利，接著便是牛田與林墩之捷。從戚將軍八月入福建，到他十月中旬返回浙江，短短兩個月的時間之內，他肅清橫嶼、牛田與林墩三大倭巢，殲滅倭寇五千餘人，數以萬計的倭寇為其威勢所懾，紛紛逃離福建。如此戰功彪炳，贏得福建上下官民的感佩，當戚家軍要返回浙江之時，福建當地的官員鄉紳，就在于山平遠臺為戚家軍設宴餞行。據說在餞別宴之後，戚將軍率隨從閒步賞月，走到一塊巨石邊時，戚將軍倦臥其上，不知不覺間沉沉睡去。此事一時之間傳為佳話，後人因此將這塊巨石取名為『醉石』，還在醉石前建起了一座醉石亭，用以紀念戚將軍。所以爹爹留下的暗示，必然指的是醉石。」風染翠一口氣把事情說完之後，笑著徵詢身旁兩人的意見。

莫歧生對這些事本就知曉，他聽了之後，略一尋思，對風染翠豎起大拇指，連連點頭，大為贊同。魏麒則是首次聽聞此事，聽完之後，他不覺心神嚮往。想像當時的戚繼光是何等的氣魄，何等的大氣，英雄酒後，醉臥石上，那樣的氣概，或許比嵇中散*的醉態更加讓人心折吧？

「師兄，我記得你當初聽爹爹說這件事的時候，也是像魏師兄這樣一臉神往的表情呢！」風染翠的語氣不勝懷念。

莫歧生嗤之以鼻的哼道：「我的表情絕對不可能像他這麼呆滯！」

「但是也沒有好到哪去吧？」風染翠發出一聲長嘆：「呀！我真是懷念師兄當時的可愛模樣哪！多麼天真，多麼討喜啊！」

莫歧生聞言俊臉泛紅，手足

放大鏡

＊這裡魏麒想到的嵇中散，指的是魏晉名士嵇康，他是一個文學家，也是一個思想家，是魏晉時期非常重要的文人，因為他曾經擔任過中散大夫，所以後世稱他為嵇中散。你知道為什麼魏麒特別想到他的醉態嗎?因為魏晉南北朝時期有一本書叫做《世說新語》，書裡面專門紀錄當時名士著名的事蹟跟形象。書中提到：「嵇叔夜之為人也，巖巖若孤松之獨立；其醉也，傀俄若玉山之將崩。」嵇叔夜就是嵇康，叔夜是他的字。這裡是說嵇康他這個人高高瘦瘦的，形象就像一棵卓然獨立的松樹，可是當他喝醉之後，醉態就好像玉山將要崩塌。對嵇康醉態的形容，因為極具美感，所以可說是廣為人知。順便跟你說一聲，《世說新語》是一本很有趣的書喔，有空可以找來看看。

無措。魏麒此時正巧回神，指著莫歧生，大驚小怪的道：「你那是什麼表情啊？不會是中了傳說中的黑甜醉心之毒吧？聽說中了這種毒之後，膚色會轉為黝黑，然後臉泛潮紅，皮膚僵硬，最後就會七孔流血而死，死時唇畔猶帶甜笑，故稱黑甜醉心。這附近居然有敵人嗎？」

魏麒在馬背上左右顧盼，一臉戒備，風染翠在一旁已經笑得眼泛淚光。只見莫歧生的臉色越發僵硬紅潤，弄得魏麒更是緊張不已，他叫道：「莫兄，你撐著點，讓我用內功助你將體內毒素逼出。」

「不用了，咱們還是辦正事要緊！」說完，莫歧生一夾馬腹，先行馳向于山平遠臺。

「莫兄！」魏麒一臉擔憂，連忙策馬追去。風染翠雖是笑不可遏，亦隨後拍馬趕上。只希望師兄不要窘迫太久才好，不然她擔心不明所以，又太過好心的魏師兄會真的被莫歧生用來逼出毒素，只不過不是以內功為助，而是被施以拳打腳踢。

不日之內，三人已然來到于山平遠臺。行走間，魏麒仍在為莫歧生驚人的恢復力感到咋舌不已，讚嘆頻繁的程度，都快讓莫歧生懷疑，魏麒其實根本就知道他當時臉紅的原因，不然那個什麼黑甜醉心之毒，他怎麼聽都沒聽說過？

「這邊是醉石，那裡是醉石亭，我們應該從哪裡找起？」魏麒一邊忙著勘查地形，一邊道：「這附近還真多牌匾。」

風染翠不以為意的說：「這是當然的啊，當年在此為戚將軍餞行的同時，福建監軍副使汪道昆特地為他勒石表功，後人到訪必然紀念題詩、書匾，日積月累之下，自然越來越多。」

「師父既然曾經來過此地，或許也曾留下墨跡手澤。」莫歧生細細的查看醉石四周，希望能找到一些蛛絲馬跡。

風染翠在醉石邊來回踱步，腦海中思緒翻騰，不斷思索父親平時行事，猜測著父親可能會將東西藏放在何處。突然間，她靈光一閃，以醉石與醉石亭作為定點，向前直線延伸，果真在兩條直線延伸交會處的草叢之中，找到一塊看似尋常的石版。她呼喚莫歧生與魏麒前來，小心翼翼的翻起石版。原來那石版竟是一塊鏤空的平整石塊，嵌埋在土中絲毫不引人注目，誰知其中居然暗藏玄機。

「妳如何想到的？」魏麒心中已經對風染翠佩服不已。

風染翠淡淡一笑，解釋道：「我只是想到恩澤壇與思兒亭說

的是一件事，醉石與醉石亭紀念的也是同一件事，一而二，二而一，或許東西就在兩者交會之處也未可知。一試之下，果然如此。」

「幸好妳想到了，不然我們可能要等到日影西斜，醉石與醉石亭的影子交疊在一起，才會發現師父的玄機。」莫歧生聳聳肩，清楚了解到師父為什麼把信留給風染翠，而不是交給他。絕不只是因為她是師父的女兒，更因為風染翠心思縝密，只有她的心細如髮，才能理解師父的意思，進而找到他留下的線索，這是大而化之、不拘小節的他絕對做不來的。

「信中寫些什麼？」魏麒急切的問道。

風染翠小心翼翼的從石版中抽出一封信，展讀之後，三人的臉色再次變得茫然。這次信中只寫著四個字「空心敵臺」。

魏麒對信中所言之物沒有半點概念，滿臉土色，垮下肩膀，懊惱的說：「這又是什麼東西啊？」

莫歧生不敢置信的看向風染翠，希望能從她臉上見到篤定的神色，但她回應他的眼光，卻是與他同等的詫異。

「這不可能吧？師父居然把東西藏到北方長城去嗎？妳確定師父真的有跟妳提到『盡快』兩個字嗎？」從福建到長城，就算不眠不休的趕路，至少也要兩、三個月吧？如何快得起來？「有沒有可能師父只是希望我們離開竹屋，到處轉轉，好避開危險？」

魏麒聽得一頭霧水，他看看莫歧生，再看看風染翠，問道：「有人可以先跟我解釋一下嗎？空心敵臺是什麼？怎麼跟長城又有關係了？」

看著信，風染翠開始擔心，

如果父親的指示是循著戚將軍的官途分布，按戚將軍的生平看來，他在浙江、福建抗禦倭寇之後，便被北調到薊鎮負責邊防，之後被貶謫廣東，最後告老還鄉。這樣一來，他們豈不是得從福建奔波到薊鎮，然後再往南千里跋涉到廣東，最後還得再風塵僕僕的趕回山東！這樣來來回回，少說也得要一年多的光景啊！

風染翠放下信，覺得自己的腦門開始發脹，她揉揉額角，疲憊的喃喃自語：「不可能，不可能！這樣沒道理啊！」

莫歧生與魏麒擔心的對看一眼，莫歧生上前扶住風染翠，輕聲道：「師妹，我們先找個地方讓妳休息吧，妳太累了。」

風染翠沒有拒絕，經過這幾天的趕路，她的確有點累了，累到整個腦子都沒辦法思考。她抬起頭，想給師兄一個笑容讓他安心，眼睛望出去卻迷濛不已，她身子一軟，暈倒在莫歧生懷裡。

7 萬壑千山到此寬

月光輕柔的流洩進屋內，微微驚擾床上熟睡的女子，莫歧生專注的凝視著風染翠的睡顏，只見她雪膚映月，容色更增嬌豔，他的眼神不由得癡了。此時，門外傳來敲門聲，莫歧生為風染翠攏好被褥，輕手輕腳的前去開門。

「風姑娘好些了嗎？」莫歧生才將門打開，魏麒已經忙不迭的跨進房裡。

莫歧生拉住魏麒，將他扯到門外，輕聲道：「小聲點，吵到了師妹，我可不饒你。」

魏麒雙手掩口，噤聲不語。過了一會兒，他在莫歧生耳邊低聲道：「可是我還是有些事不明白，你可不可以先跟我解釋一下？」

莫歧生領著魏麒往他們住的那間房走去，耳裡同時注意著風染翠房裡的動靜。他輕聲道：「你要問什麼，我跟你說便是。」

「讓我整理一下，我現在知道戚將軍從他到山東抗禦倭事算起，有十幾年的時間，在浙江、福建等沿海地區和倭寇周旋。他是從什麼時候開始又被調到北方的？」魏麒在腦海中稍微整理了一下之前所見所聞，開始有點後悔平常不認真聽師父講這些舊事。

莫歧生想了一下，道：「那是在明穆宗隆慶二年(1568年)左右的事了，曾經在浙江和戚將軍一起並肩作戰，並結為莫逆的譚綸，當時新任薊遼總督，是他將戚將軍從東南沿海調到薊鎮去的。因為那時候東南沿海的倭寇，在戚將軍的肅清之下，元氣大傷，加上戚將軍在當地建立起嚴密的海防體系，沿海倭患基本上已經平息。反倒是北方邊防日益緊張，所以朝廷便將戚將軍調派到北方，希望能借重他軍事長才，鎮壓北方邊患。」

魏麒開始摩拳擦掌，覺得自己接下來可以聽到戚將軍率領百萬雄兵，馳騁沙場，和蒙古騎兵大戰的精采故事。莫歧生見他一臉期待，實在很不想澆他冷水，可是，唉，他在心底輕嘆一口氣，道：「你不用那麼興奮，接下來沒你腦海中想像的那麼精采。戚將軍當時北上的心情，大概跟你此刻的興奮不相上下，他滿心希望能夠在北方沙場上，建立不世功勳，可惜當時朝中派系鬥爭，風起雲湧，讓他滿腔的抱負跟期待，都落空了。」

魏麒當場愣住，他道：「戚將軍防禦北疆是好事啊，為什麼會受到阻撓呢？」

「官場黑暗哪！你以為當官

的人都是以百姓的福祉為念嗎？別傻了，如果真是這樣，咱們大明朝的朝政又怎麼會敗壞到這步田地？朝中那些官僚，大多只顧自己的利益，薊鎮又離北京太近，戚將軍只要稍有輕忽，就會立刻遭受到非議和批評。他曾經上奏朝廷一封〈請兵破虜疏〉，疏中對如何處理北疆防禦，如何對抗蒙古，提出清楚的分析和策略，可是絲毫沒有受到朝廷的重視，更別說採納了。朝廷不但沒有如他所希望的，撥給他十萬大軍，反而給他一堆讒言和冷箭，所以戚將軍在北方邊防的日子，其實是有志不得伸的。」

魏麒張口結舌的看著莫歧生，聽到的話跟心裡預期出入太大，讓他一時之間不知道應該做何反應。

拍拍魏麒的肩膀，莫歧生笑道：「你也不用失望成這樣，人家戚將軍都沒因此灰心喪志了，你這個聽人家事蹟的人，擺出一張苦瓜臉幹什麼？」

「朝廷對他這樣輕忽，他還能怎麼樣啊？」魏麒嘆了口氣，要是他，大概立刻就辭官歸隱了，省得在那邊受氣。

莫歧生倒了杯水，一口喝乾之後說：「既然不能有積極的作為，那做一些消極的措施，對邊防也是有好處的，師父信上所謂的『空心敵臺』，就是戚將軍在當時對北方邊防進行的防禦建設，這可是大大增強了原本城牆的防禦效果。」

「喔？」魏麒的好奇心被引起，他問道：「此話怎講？空心敵臺難道說有何特殊之處嗎？」

「天哪！你真的很沒常識。」莫歧生誇張的搖頭嘆氣，道：「空心敵臺的建造，在咱們大明的邊防工事中，可是數一數二的創舉。在以前的城牆上，原本也有一些磚造的小高臺，可是這些高臺在戰爭中，並不能提供士兵作為遮蔽。而且高臺跟高臺之間的距離太遠，如果敵人集中火力猛攻其中一個高臺，其他高臺來不及趕來救援，很容易就會被攻破。再加上咱們大明軍隊是以火器作為主要武力，可是小高臺上沒有存放軍火的空間，對軍隊的武器優勢反而沒有幫助。

「針對這些缺點，戚將軍設計了空心敵臺。敵臺憑牆而立，上下分為三層，下層臺基與城牆齊平，但牆的外側突出丈許來寬，可以攻擊企圖攀牆的敵人；中層中空，可以存放軍火、糧食，並且可以提供士兵戰時遮蔽之所；臺頂則可供作瞭望之用，有的亦可燃放烽火示警。敵臺四周設有箭窗，可以用火器、箭矢對興兵犯境的敵人進行攻擊。這樣一來，空心敵臺為邊疆的防禦提供了更為有利的條件，還克服了以前舊臺的種種缺點。」

魏麒聽得極為佩服，他讚嘆道：「戚將軍思慮如此周詳，真是世上少見的軍事奇才啊。」

「還不只如此，你以為光是修修敵臺，就能夠讓北疆邊防固若金湯嗎？戚將軍為了因應地形的險要來修造敵臺，花了一段時間親自對邊防沿線進行勘察，修築空心敵臺的同時，他還針對原有城牆進行修補，使長城作為邊塞的一道防線，不只是一道綿延的城牆，而是具有完善設施、能夠在防禦上提供更高效能的堅強壁壘。從開始修築長城敵臺，到全部工程完工，就花了將近二十年的時間。工事竣工之後，整個薊北邊防，約有一千四百多座空心敵臺巍然矗立，為北方的防禦，提供了最直接的守護。」

魏麒遙想北疆綿亙千里的城牆，那雄偉的氣象，光是想像就叫人肅然起敬了，如果親臨其地，真不知會是怎樣的心情。

莫歧生清清喉嚨，咳嗽聲將魏麒的神魂從北方拉回。「修築長城是十分艱辛困苦的工程，以前秦始皇修築長城，有孟姜女萬里尋夫，戚將軍修築長城，也有類似的傳說。據說當年有十二個籍設河南的士兵數年未歸，他們的妻子心裡擔憂，便結伴出來尋夫。

「誰知她們的丈夫，早在修城的工事中喪生，十二名婦女得知此事，在城牆邊痛哭失聲，正巧戚將軍騎馬巡視經過，問明原因之後，下馬慰問這十二名婦女，說明修築長城的目的，並發給每人一筆優渥的慰問金。這十二名婦人了解築牆的深意之後，不僅捐出撫恤金作為築牆之用，

還繼承丈夫的遺志，留在當地協助築城，最後終於蓋起一座空心敵臺，人們為了紀念這件事，便稱此臺為『寡婦樓』。」

莫歧生說完此事之後抬頭，見魏麒居然感動得滿臉淚痕，哭得是一把眼淚一把鼻涕，他大吃一驚，道：「你會不會太多愁善感了點啊？」

「我感動啊！」魏麒擤擤鼻涕，瞪著莫歧生道：「你也太冷血了吧？一點反應都沒有。」

莫歧生白了他一眼，冷冷的道：「我已經不知道聽過幾次了，如果還講到滿臉眼淚鼻涕，就表示我定力太差啦！」

風染翠不知何時已經醒來，輕巧的推開門，走進房來，笑道：「魏師兄還真是性情中人！」

「妳醒了。身子好點了嗎？」莫歧生扶著風染翠坐到椅子上，細心的為她倒了杯水。「他啊，現在哭成這樣，要是聽到戚將軍後來被謫調廣東，最後告老還鄉，貧病交加的死在故鄉，還不知道他會怎麼反應呢！」

魏麒聞言大驚：「什麼！戚將軍的晚年居然如此悲涼？他對地方上貢獻這麼大，這怎麼可能呢？」

「就跟你說了這種事跟他的功績如何無關！在戚將軍之前，薊北十七年內，更換過十名將領，可是當地遭受蒙古兵劫掠的狀況，絲毫都沒有改善。但在戚將軍擔任守備將領的十六年間，蒙古騎兵因為忌憚戚將軍的威名，一直不敢越雷池一步。但他這麼受到人民愛戴又如何？當朝中的政治鬥爭方興未艾之際，禍患終究波及到他身上來。」莫歧生無奈的說。

風染翠補充道：「在戚將軍守備薊北時，他雖然因為人事的阻撓，無法完成練兵督軍、擊潰蒙古的抱負，可是他築城的工事可以如此順利，是因為當朝內閣首輔張居正對他十分賞識。可是張居正死後，長久受到張居正壓制的萬曆帝開始了一連串的倒張行動，和張居正有關的人都受到牽連，戚將軍也是其中之一，他因此被貶官調往廣東。當他要整裝南下時，薊北的百姓萬分不捨，當時的詩人陳第有詩云：『轅門遺愛滿匯燕，不見胡塵十六年。誰把旌麾移嶺表？黃童白叟哭天邊。』＊說明當地百姓對戚將軍深刻的不捨之情。

放大鏡

＊你看得懂這首詩的意思嗎？關鍵詞了解之後，這首詩就一點都不難囉！第一、「轅門」指的是將帥的營門或官署的外門，這邊當然是借指戚繼光將軍。第二、「匯燕」指的是整個薊北地區，因為這邊在戰國時是屬於燕國的屬地，所以以燕作為代稱。第三、「旌麾」都是指旗幟，古代的軍隊都有大旗，這裡也是借指戚繼光。第四、「嶺表」指五嶺以外的地方，也就是嶺南，在現今廣東省一帶。第五、「黃童白叟」，就是指幼童跟老人。這樣一來，這首詩你看懂了嗎？

「戚將軍到廣東那一年，儘管倭患已經基本平息，但他對沿海軍備還是十分注意。可是當時朝中倒張的漩渦越捲越大，迫於政治環境的無奈，他上書告老還鄉，還鄉四年後就去世了。戚將軍為官清廉，家中自然沒有餘財，而他長年征戰，身體或許也累積不少病痛，戚將軍晚年所以貧病交加，或者便是因為如此。」

屋內突然間一陣靜默。英雄晚年的淒涼遭遇，令三人唏噓不已。

「不過，」風染翠聲音輕快，試圖打破屋內低落的氛圍。「戚將軍晚年雖然不幸，但他在閒暇之餘，將他一生的詩文奏議和治軍所得，匯錄成書，讓後人受用不少。就兵法來說，其實戚將軍早年在浙江抗倭的時候，就寫有一本《紀效新書》，晚年將此書重新編訂，又根據北疆邊防的經驗，寫有《練兵實紀》一書，這兩部書可以說是戚將軍一生治軍的精粹所在，裡頭對選兵、練將、兵器、陣法、火器等諸多軍事相關知識，都有十分獨到而新穎的見解，是他熟讀古代兵法之後，自己融會貫通，並參考當世局勢而留下的珍貴資產。」

「這兩本書可比《龍行劍譜》要有價值多了。」莫歧生中肯的說：「畢竟《龍行劍譜》雖然相傳是戚將軍所傳，但根據戚將軍帶兵的經驗來看，他訓練將士，一向以戰場上實際可用的兵器為主，劍刃單薄，不適合戰陣中使用，或許未必是戚將軍所傳也說不定。」

「是啊，戚將軍練兵時，往往強調要和上場作戰時一樣，不可以有絲毫輕忽，如果訓練時稍有一絲馬虎，演習時像在表演，那上場作戰，就算被敵人殺了，也是咎由自取。這點從他書名『紀效』、『實紀』，就可看出他極為強調效用跟實際，因此，劍雖說是武林中人常用的兵器，畢竟不適合在戰場中砍殺，所以劍譜這樣被神話，其中必有玄機。」

聽到這裡，魏麒才如夢初醒的問道：「這麼說來，只要我們依著風前輩的指示去做，就可以解開這個謎團囉！」

「我衷心希望是如此。」風染翠真誠的說。

「那麼事不宜遲，咱們這便出發前往薊北吧！」魏麒站起來就要出門，完全沒考慮到現在月上中天，根本不適合趕路。

風染翠示意莫歧生拉住魏麒，笑道：「魏師兄且慢！方才我細細的想過了，我認為爹爹信中所寫的空心敵臺，指的並不是薊北的敵臺。畢竟這樣南北往返，太耗時日，爹爹既然吩咐我盡快去做，便斷然不可能留下這樣離譜的指示，因此這必然只是疑兵之計罷了！」

「疑兵之計？」魏麒不解的問：「那麼這空心敵臺難道不具意義嗎？可是東西也不在醉石不是嗎？」

莫歧生忽然間福至心靈，想通其中關竅，不禁失笑：「怨不得你不懂，師父留下的這個暗示，我看普天下恐怕只有我與師妹懂得，完全不需要擔心被他人窺知機密。」

風染翠與莫歧生相視一笑，同時憶起童年往事。原來風玉衡所寫的「空心敵臺」，表面上雖指薊北的邊防工事，但其中第三字與「笛」字諧音，正是指莫歧生年少之時，練習吹笛之所。當年莫歧生聽完風玉衡講述戚繼光舊事，便自己在竹林之中，以竹枝搭建高臺一座，時時與風染翠在臺上吹笛相和。因為竹枝中空，又是作為練習吹笛之所，風染翠便戲名之曰「空心笛臺」。

魏麒看著兩人相視的眼光脈脈含情，實在很不想介入打擾，可是心裡梗著疑問又很痛苦，他只好非常煞風景的問道：「那請問一下，到底空心敵臺是指什麼東西啊？」

對看的兩人同時從記憶中回神，面頰均因羞赧而泛紅。魏麒見狀，對之前中毒事件的緣由終於恍然大悟，難得逮到機會可以在口舌之爭中占上風，他打趣道：「原來先前莫兄根本沒有中什麼黑甜醉心之毒啊！不過呢，這醉心倒是有的，只不過不是劇毒，而是糖蜜啊！」

莫歧生彆扭的瞪了他一眼，冷冷的道：「這麼囉唆，我看你別想知道空心敵臺的含意了！」簡簡單單一句話，抓住魏麒的好奇心，立刻讓莫歧生在舌戰中扳回一城。

風染翠推開窗，看見天邊月已西斜，微風吹來，令人心曠神怡。回頭看見莫歧生與魏麒在一邊相持不下，她淺淺一笑，風致嫣然，心想現在江湖雖然風波詭譎，但很快的，一切都會歸於平靜。

餘韻……

中原武林曾經喧騰一時的《龍行劍譜》，其實只是一部尋常劍譜，之所以在武林中掀起慘烈的爭奪之戰，乃因倭人意欲再次寇擾東南海疆，同時北方女真部族亦有問鼎中原之志，雙方均恐武林人士若深悉大將戚繼光所傳兵法遺意，將有礙其心中所圖之事，故而散布謠言，誇言劍譜之神妙，令武林人士為此劍譜耗費心力，自相殘殺，此真乃二桃殺三士*之計也！中原武林經此事

放大鏡

*所謂的「二桃殺三士」，是春秋時代齊國相國晏嬰，向齊景公所獻的計策。計策是將兩顆桃子賞賜給公孫接、田開疆、古冶子三名勇士，下令他們三人論功領賞，實際上是希望他們自相殘殺，以除後患。後來三人果然因此相鬥而死。這個故事記載在《晏子春秋》這本書裡，你覺得跟《龍行劍譜》的陰謀有沒有相似的地方呢？

故，元氣大傷，女真部族因此長驅直入，終登大寶。

一隻纖纖素手輕輕的將書冊掩上，深藍色書皮上頭，印著三個赭紅的篆字「定風波」。解開了父親留下的指示之後，風染翠與莫歧生在竹林內，找到了風玉衡留下的諸多資料。依據這些資料的記載，風染翠將整個《龍行劍譜》事件的始末清楚交代，續成風玉衡生前未能完成的武林誌。之所以將這部武林誌命名為「定風波」，一方面是用以紀念戚繼光將軍平定海疆的功績，另一方面，則是期許未來中原武林能太平無事，風波不興。

風染翠看看天色，隨手將桌上的書冊收拾好，忽聽得窗外一名男子哀怨又無力的聲音響起，她唇畔勾起淡淡笑意，無奈的搖頭。心想：怎麼魏麒到現在還沒死心哪？

「風兄，拜託你別再吊我胃口了，空心敵臺到底指的是什麼啊？武林誌都刻印出版了，你還不說就真的太不夠意思了啦！」

魏麒的聲音飄蕩在竹林中，而舊事，逐漸遠颺。

戚繼光

1528 年　出生。

1546 年　襲父職，任登州衛指揮僉事。

1549 年　考中武舉鄉試。

1550 年　進京參加武舉會試。正逢蒙古人進逼北京城，臨時被派往守衛京城九門。上奏〈禦虜方略〉，其中退敵方法成功的使蒙古兵退離北京城。

1553 年　升為都指揮僉事，調往山東，管理登州等二十五個衛所，防禦山東沿海倭寇。

1555 年　調往浙江抗倭，任浙江都司僉書。

1556 年　與譚綸、俞大猷等率軍擊退進犯龍山所的倭寇。經由此戰認清明軍缺乏訓練、臨陣畏縮，必須重新訓練新兵。

1558 年　討平盤據岑港的倭寇。此後倭寇南移，轉侵擾福建地方。

1559 年　獲准前往義烏訓練新兵三千人，後人稱為戚家軍。

1560 年　創攻防皆宜的「鴛鴦陣」，提升行軍的機動性。撰成《紀效新書》。

1562 年　受命前往福建禦倭，先後剷除了橫嶼、牛田、林墩三大倭寇根據地。

1563 年　大敗平海衛倭寇，東南沿海倭患大致平息。

1568 年　由於薊遼總督譚綸的推薦，調往薊鎮總理軍務。但提出的練兵抗虜主張不獲朝廷支持，只好轉而加強邊防工事，先後將長城加高加厚，並建造空心敵臺。往後十六年間，蒙古人不敢進犯。

1571 年　根據練兵與守邊經驗，撰成《練兵實紀》。

1582 年　張居正病逝。

1583 年　受朝野中反張居正派讒言攻擊，被貶廣東。

1585 年　向朝廷請求引退獲准，返回家鄉登州。

1588 年　病逝。

國家圖書館出版品預行編目資料

定海英豪：戚繼光／張博鈞著;李建繪.－－初版二刷.
－－臺北市：三民，2012
面；　公分.－－(兒童文學叢書/世紀人物100)

ISBN 978-957-14-4941-8　(平裝)

1.(明)戚繼光 2.傳記 3.通俗作品

782.867　　96024915

© 定海英豪：戚繼光

著作人	張博鈞
主編	簡宛
繪者	李建
發行人	劉振強
著作財產權人	三民書局股份有限公司
發行所	三民書局股份有限公司 地址　臺北市復興北路386號 電話　(02)25006600 郵撥帳號　0009998-5
門市部	(復北店) 臺北市復興北路386號 (重南店) 臺北市重慶南路一段61號
出版日期	初版一刷　2008年2月 初版二刷　2012年5月修正
編號	S 781690

行政院新聞局登記證局版臺業字第〇二〇〇號

ISBN　978-957-14-4941-8　(平裝)